U0793578

土壤肥料产业研究与实践

Research and Practice of Soil and Fertilizer Industry 2016 — 2019

王　旭　刘红芳　主编

中国农业科学技术出版社

图书在版编目（CIP）数据

土壤肥料产业研究与实践／王旭，刘红芳主编. --北京：中国农业科学技术出版社，2021.9

ISBN 978-7-5116-5456-4

Ⅰ.①土… Ⅱ.①王… ②刘… Ⅲ.①肥料工业-产业发展-研究-中国 Ⅳ.①F426.7

中国版本图书馆 CIP 数据核字（2021）第 164572 号

责任编辑 穆玉红
责任校对 马广洋
责任印制 姜义伟 王思文

出 版 者 中国农业科学技术出版社
北京市中关村南大街 12 号 邮编：100081
电 话 (010)82106626(编辑室) (010)82109702(发行部)
(010)82109709(读者服务部)
传 真 (010)82106626
网 址 http://www.castp.cn
经 销 者 各地新华书店
印 刷 者 北京建宏印刷有限公司
开 本 170 mm×240 mm 1/16
印 张 12
字 数 260 千字
版 次 2021 年 9 月第 1 版 2021 年 9 月第 1 次印刷
定 价 68.00 元

版权所有・翻印必究

《土壤肥料产业研究与实践》
编写人员名单

主　　编　王　旭　刘红芳

编写人员（按姓氏汉语拼音排序）

保万魁　韩岩松　黄均明　侯晓娜
林　茵　刘红芳　孙奕美　王　旭
赵文龙

前　　言

中国特色社会主义进入新时代，我国社会主要矛盾已经转化为人民日益增长的美好生活需要和不平衡不充分的发展之间的矛盾。农业是国民经济的基础，十八大以来，党中央国务院明确生态文明建设、绿色发展的大政方针，以保障国家粮食安全和促进农民持续增收为首要任务，走产出高效、产品安全、资源节约、环境友好的现代农业发展道路。

面对新时期我国农业生产和生态环境的新需求，我国农业经济不断融入全球一体化浪潮，并由传统农业向现代农业和生态农业转变。土壤肥料产业涉及土壤资源、水资源、投入品、农产品数量和质量及生态环境可持续利用等诸多方面，在农业产业中占比大、基础性强、关联度高。系统研究土壤肥料产业发展中的问题，有助于提升农业现代化发展水平，提高农业生产效率，取得经济效益和环境生态效益多赢业绩。

几年来，依托中国农业科学院、中国农学会、中国植物营养与肥料学会、中国绿色食品协会、中国氮肥工业协会、中国磷复肥工业协会、土壤肥料产业联盟等国家科研、社会团体平台，联盟始终紧跟农业产业结构调整与农业科技创新发展的步伐，在液体肥料区域性试验示范与供应链服务创新、肥料增效剂科学使用与氮肥减施、土壤调理剂利用与土壤改良、区域作物种植模式的探索与实践、工农业废弃物资源化利用及评价体系建设、肥料和土壤调理剂技术法规体系的集成与研究、养分管理大数据智库及交流平台建设等方面努力进行了探索，形成了土壤肥料产业研究与实践阶段性成果。

研究之初，试图回答土壤肥料产业所困惑的一系列问题。在新时期我国粮食安全面临的新形势下，如何加快推动农业供给侧结构性改革，实现农业绿色可持续发展？在我国资源与环境的双重压力下，如何合理施肥、提升耕地质量、优化利用废弃物资源、平衡农业与环境之间的关系？在经济新常态下，如何拼接产业链的断层、合理分配资源谋求行业共同发展？如何实现农业产业链的规范化、标准化，创造安全良性的竞争环境？如何更加完善和健全我国肥料和土壤调理剂法规技术体系？经过研究和实践，本书总结出以下几部分内容。

1. **绿色发展中的土壤肥料产业**

基于“供需平衡、循环经济、养分管理”等长期战略目标，着重论述了肥料、废弃物和耕地资源合理使用及可持续发展，展示了几年来在科学施肥、土壤改良和废弃物资源利用上对产业的深入调研与研究，尤其是养分资源量、各类资源的农田利用率、养分循环通道等。同时，从技术和发展角度分类介绍了相关土壤肥料产业中的骨干企业及业绩，这是农业产业发展坚实支撑力量的代表。

2. **跟踪前沿深入产业体系研究**

基于养分循环的理念，展示了标准体系建设、标准制修订成果及国外农业领域相关研究动态，尤其是对土壤肥料的管理法规、废弃物处理技术、资源化利用技术及相关标准动态的分区域追踪和研究。跟踪前沿动态，挖掘并总结产业先进成果，将研究成果与安全风险控制、科学使用规程等标准研究相结合，进一步促进完善我国技术法规体系，并为国家决策提供资源可持续利用的技术集成建议。

3. **探索实践推动农业服务产业发展**

基于农业服务创新产业方向，选择不同区域开展生态种植与产业升级模式探索与实践。围绕作物产业体系，深入土壤肥料产业研究，验证及评价生产技术、探索农业服务模式。提出了云南大理地区生态敏感脆弱区的土壤肥料管理解决方案、内蒙古和河北的牧草及甜菜产业升级及优化种植组合施肥方案、浙江水稻的优质优品生产体系服务方案等。做好农业服务，与农户、种植业主体的利益相绑定，与资源利用和可持续发展相融合，解决土壤肥料产业中的问题，兼顾农业产业整体发展需求。

4. **土壤肥料产业活动（2016—2019）**

基于联盟共赢、创新发展的总基调，记录了国家农业科研机构与专业领域学术团体、行业领域产业精英共同协作留下的足迹。许多活动开展在田间地头，在持续的实地调研与产业实践过程中，对不同区域土壤肥料产业发展状况、种植户的生产现状与需求都有了更深层的了解。所组织开展的交流论坛、研讨会为持续推动科技进步、产业发展起到了积极的作用。所形成的数据、资料、前沿动态研究信息库将为建立优化成本、优质生态种植和循环产业链模式提供科学、可靠的智库支持。

本书编写历时一年，力求科学、客观、前沿。期间编写组多次征求业内专家、企业家的意见，吸收采纳了建议精华。尽管如此，编写组对国家政策的理解、对技术法规体系的研究背景和发展方向、对国际先进的农业管理政策和理念的解释、对产业发展优秀成果的总结以及所涉及的数据引用、处理和外文翻译等，难免有所片面、疏漏或欠妥，敬请批评指正。

土壤肥料产业联盟成员对此项研究和实践活动鼎力支持，积极参与，方共同取得研究和实践的成果，在此衷心致谢联盟成员！本书编写凝聚了来自中国农业科学院农业资源与农业区划研究所、中国农学会、中国植物营养与肥料学会、中国绿色食品协会、中华全国工商业联合会农业产业商会、中国氮肥工业协会、中国磷复肥工业协会及全国畜牧总站等机构各位领导、专家的支持、鼓励和帮助，在此深表谢意！

土壤肥料产业联盟
中国农业科学院农业资源与农业区划研究所
中国农学会农业分析测试与耕地质量评估分会
中国植物营养与肥料学会农化服务工作委员会
中国绿色食品协会农业生产资料专业委员会
2019 年 12 月于北京

FOREWORD

"Socialism with Chinese characteristics has entered a new era, and the main contradictions in our society have been transformed into contradictions between the people's ever-growing need for a better life and unbalanced and inadequate development." Agriculture is the foundation of the national economy. Since the 18th National Congress, the State Council clarified the major policy of ecological civilization construction and green development, with the primary task of ensuring national food security and promoting the continuous increase of farmers' income, and taking the road of modern agricultural development with high output, product safety, resource conservation, and environmental friendliness.

Facing the new demands of agricultural production and ecological environment in the new period, agricultural economyin China has continuously integrated into the trend of globalization, and has transformed from traditional agriculture to modern and ecological agriculture. The soil and fertilizer industry involves many aspects such as soil resources, water resources, agricultural inputs, quantity and quality of agricultural products, and sustainable use of the ecological environment. It accounts for a large proportion, strong foundation, and high correlation in the agricultural industry. To systematically study and solve the problems in the development of the soil and fertilizer industry will help to improve the development level of agricultural modernization, improve agricultural production efficiency, and achieve multi-win performance in economic, environmental, and ecological benefits.

Over the past few years, relying on the national scientific researchunits and the non-governmental agencies including Chinese Academy of Agricultural Sciences (CAAS), China Association of Agriculural Science Societies (CAASS),

Chinese Society of Plant Nutrition and Fertilizer Sciences (CSPNF), China Green Food Association (CGFA), China Nitrogen Fertilizer Industry Association (CNFA), China Phosphate and Compound Fertilizer Industry Association (CPFIA), the Soil and Fertilizer Alliance of China (SFAC), we followed the pace of agricultural industrial structure adjustment and the innovation of agricultural science and technology. In the regional experiment demonstration and supply chain service innovation of liquid fertilizers, the scientific use of fertilizer synergists and the reduction of nitrogen fertilizer application, the utilization of soil conditioner resources and soil improvement, the exploration and practice of the regional crop cultivation model, the construction of industrial and agricultural waste resources utilization and evaluation system, the integration and research of fertilizer and soil conditioner technical regulations system, the management of big data think tank of nutrient management and the construction of exchange platform, we have made efforts to explore and form the staged results of the research and practice of the soil and fertilizer industry.

At the beginning, we wanted to answer a series of questions that are puzzling the industry. Under the current situation of China's food security, how to accelerate the structural reform on the agricultural supply side to achieve eco-friendly and sustainable development? Under the pressurefrom both resources and environment, how to use fertilizers to a reasonable extent so that we can improve the quality of cultivated land, optimize the use of waste resources, and balance the relationship between agriculture and the environment? Under the new economic normality, how to eliminate the defects of the industrial chain, rationally allocate resources to seek common development of the industry? How to realize the standardization of the agricultural industry chain and create a safe and benign competitive environment? How to perfect the legal system of fertilizers and soil conditioners in China? After research and practice, the report summarizes the following parts.

The soil and fertilizer industry in the Green Development—Based on long-term strategic objectives such as "supply and demand balance, circular economy, nutrient management", we focus on the rational use and sustainable development of fertilizers, wastes, and cultivated land resources. We demonstrate the in-depth scientific investigation and research on the industry of fertilization, soil improvement, and waste resource utilization, especially on the topics such as the amount of nutrient resources, farmland utilization rate of various resources, nutrient circulation channels, etc. In the meantime, from the perspective of technology and development, we introduce high-end enterprises and their achievements in the soil and fertilizer industry, which represent the leading edge of the development of the agricultural industry.

In-depth research of industry system through tracking the forefront of development—Based on the concept of nutrient circulation, we demonstrate the achievements on standard system construction, policy amendment, and related developments in international agricultural industry, especially on topics such as management regulations of soil and fertilizer, waste disposal technology, resource utilization technology, and sub-regional tracking and research on relative standards. We seek to further promote the improvement of China's technical regulation systems and provide technical integration suggestions for the sustainable use of resources for national decision making by tracking cutting-edge developments, investigating and summarizing advanced industrial achievements, and combining research achievements with safety risk control and scientific utilization procedures.

Exploration andpractic to promote the development of agricultural service industry—Based on the new direction of agricultural service industry, we select different regions to explore and practice ecological planting and industrial upgrading models. We conduct in-depth research on the soil and fertilizer industry, verify and evaluate production technologies, and explore agricultural service models around the crop industry system. Our proposals include soil and fertilizer management solutions for ecologically sensitive and fragile areas in Dali, Yunnan, upgrade and optimization program on planting and fertilization for forage and sugar beet industry in Inner Mongolia and Hebei, and high-quality rice production system service programs in Zhejiang. The improvement of agricultural services needs to be tied to the interests of farmers and owners of planting entities. It needs to be integrated with resource utilization and sustainable development to solve problems in the soil and fertilizer industry and consider the overall development needs of the agricultural industry.

Soil and Fertilizer Industry Activities (2016–2019) —Based on the overall tone of the alliance's win–win and innovative development, we systematically studied the investigations done by the national agricultural scientific research institutions, academic groups, and individual scholars in the field. These investigations are conducted through continuous field research and industrial practice, giving us a deeper understanding of the development status of the industry, the production status in different regions, and the needs of farmers. The corresponding forums and seminars have played a positive role in continuously promoting scientific and technological progress and industrial development. The state–of–the–art database will support the establishment of reliable think tank over topics such as optimized cost, high–quality ecological planting, recycling industry chain models, etc.

We strive to be scientific, objective and state–of–the–art when writing this report, and we have spent over one year on the composition. During this period, the writing team solicited opinions from industry experts and entrepreneurs and absorbed the essence of their recommendations. Nevertheless, our understanding of national policies, research background and development direction of technical regulations, interpretation of internationally advanced agricultural management policies and concepts, summary of outstanding results of industrial development, reference and processing of data, and related foreign language translation, etc., will inevitably be one–sided, flawed, or misinterpreted. Therefore, your feedback and suggestions are welcome.

The members of the Soil and Fertilizer Alliance of China strongly support this research and practical activity, and actively participate in it to jointly obtain the results of research and practice. The compilation of the report receivedstrong support and contribution from the Institute of Agricultural Resources and Regional Planning

(IARRP) of Chinese Academy of Agricultural Sciences (CAAS), China Association of Agriculural Science Societies (CAASS), Chinese Society of Plant Nutrition and Fertilizer Sciences (CSPNF), China Green Food Association (CGFA), the Agricultural Branch of Commerce of All-China Federation of Industry and Commerce (ACFIC), China Nitrogen Fertilizer Industry Association (CNFA), China Phosphate and Compound Fertilizer Industry Association (CPFIA), and National Animal Husbandry Station. We hereby sincerely thank you!

The Soil and Fertilizer Alliance of China (SFAC)
The Institute of Agricultural Resources and Regional Planning, CAAS
The Branch of Agricultural Test and Cultivated Land Quality Assessment, CAASS
The Agrochemical Service Executive Committee, CSPNF
TheAgricultural Service Committee, CGFA
December 2019 in Beijing

目　　录

第一章　绿色发展中的土壤肥料产业

绿色发展符合人类与大自然和谐共生法则。联合国正在努力实现《2030 年可持续发展议程》（2030 Agenda for Sustainable Development，A/RES/70/1）目标，所采取的应对十大土壤威胁行动计划，与消除饥饿，维护人类营养健康、清洁用水、气候变化和陆地生物安全，减少化肥和农药不当使用及土壤污染等密切关联。耕地和水资源是生物赖以生存的生命之源，可持续利用就是要解决过度耗竭利用资源的体系性、根本性问题，这也是全球范围内所面临的发展问题。因此，在促进社会、经济发展，保障生态环境安全、食品安全、人类健康的前提下，绿色发展为我国如何在实现农业现代化进程中，优化利用耕地和水资源，循环利用好废弃物资源指明了方向。

2016 年，中国工程院院士刘旭在土壤肥料产业联盟（以下简称“联盟”）成立大会上指出，“新时期，粮食安全要实现国际化、可持续、营养型、多功能。着眼于全产业链，健全产前、产中、产后多个环节构成的一个完整的生产消费和全程管理体系；要立足绿色化，农业发展要实现绿色投入、绿色生产、绿色加工、绿色消费。促进高效生态农业发展，在保障绿色安全农产品供给的同时，实现农业资源永续利用、促进生态环境保护建设和实现农民持续增收。”中国社会科学院农村发展研究所李国祥研究员 2017 年在联盟论坛上谈到，“针对我国农业过度消耗资源和滥用现代化学投入物等问题，一要加大农业结构调整力度，加快退耕还林、还草、还湿力度，不追求稀缺的农业资源任何时候都发挥农产品供给保障功能，只求有限的农业资源在关键时候发挥最重要的功能。二要紧紧地依靠科技创新和组织创新，科学地利用农业稀缺资源和有效地配置现代农业生产要素，特别要强化社会化服务，加快节水技术、测土配方施肥以及病虫害和疫病统防统治等应用的步伐，在农业发展方式转变上实现新的突破。”

可见，无论是宏观的农业产业发展，抑或是着眼于土壤肥料行业发展，建立一种可持续发展的农业循环体系势在必行。土壤肥料产业界利用自身优势，综合形成施肥服务、养地服务以及废弃物资源利用集成技术包服务体系，在作物产业升级、区域生态农业发展创新模式建立以及产业整合方面，取得了初步成效，逐步建立了新型的技术和服务合作平台，联力盟心，共赢发展。

一、养分资源有效利用与科学施肥

我国是全球最大的化肥生产国和消费国，据联合国粮农组织（FAO）统计，2009—2017 年，我国平均农业用氮（N）、磷（P_2O_5）、钾（K_2O）均居世界之首，分别为 3 020.1 万吨、1 492.5 万吨、1 286.3 万吨，而且分别比氮磷钾用量位居第二的国家高 80%、113%、180%。据国家统计局统计，2009—2018 年，我国农用化肥平均施用量（折纯）为 5 793.7 万吨，其中，农用氮肥（N）、磷肥（P_2O_5）、钾肥（K_2O）、复合肥平均施用量（折纯）分别为 2 321.1 万吨、812.7 万吨、613.2 万吨和 2 042.7 万吨，2015 年，氮肥施用量出现降低的拐点，比 2012 年最高用量降低了 2%，2018 年降低了 14%。肥料的不合理施用，一方面使土壤中硝酸盐长期积累，造成土壤酸化、盐渍化和板结，土壤肥力下降，另一方面造成肥料资源浪费和生态环境安全等问题。据统计，全世界因肥料导致的温室气体排放约占全球温室气体排放的 2.5%。我国《第二次全国污染源普查公报》显示，2017 年，农业源总氮、总磷的排放量分别为 141.49 万吨和 21.20 万吨，占工农、生活源等各类污染源总氮、总磷排放量的 46.5% 和 67.2%。我国氮肥利用率很低，只有 30%~40%，平均损失量约 45%，绝大部分以 NO_3^--N 的形式累积在土壤中，灌溉后或强降水时，以淋溶和径流等方式造成地下水硝酸盐污染和水体富营养化。

为了提高肥料利用率，减少因施肥不当对环境的影响，近年中央一号文件连续强调化肥问题关系到污染治理、节本增效等重大行动实效，推行农业绿色可持续发展势在必行。2017 年，《中共中央　国务院关于深入推进农业供给侧结构性改革 加快培育农业农村发展新动能的若干意见》提出“推行绿色生产方式，增强农业可持续发展能力”，强调深入推进化肥零增长行动，开展有机肥替代化肥试点，促进农业节本增效。2018 年，《中共中央　国务院关于实施乡村振兴战略的意见》提出“推进乡村绿色发展，打造人与自然和谐共生发展新格局”，加强农业面源污染防治，开展农业绿色发展行动，实现投入品减量化。2019 年，《中共中央　国务院关于坚持农业农村优先发展做好“三农”工作的若干意见》提出加大农业面源污染治理力度，开展农业节肥行动，实现化肥使用量负增长。经过努力，化肥减施成效明显，我国化肥使用总量的下降拐点终于出现了。

粮食安全是社会发展的根基，保障全球粮食生产的可持续、稳定发展，化肥贡献功不可没。实际上，多年积累的问题主要在于不合理使用化肥、单纯依赖化肥、甚至过量使用化肥上，缺乏化肥使用的限量约束机制。我国化肥市场放开后，化肥产业发展迅猛，尤其是复混肥料产业膨胀式发展，这在一定程度上解决了氮磷钾配比均衡施肥、方便施肥问题。然而，农业产业需求过度饱和之后，生态环境问题、农产品质量问题开始显现。近几年，化肥产业面临的问题是前所未有的，但还需理性“瘦身”，不能因噎废食，不能盲目、过度减施化肥，应因地制宜，与科学技术手段相配套、相衔接。

联盟依托国家级专业平台，注重科学施肥技术集成，借鉴国外施肥技术的成功经验以及注重联盟成员在种植产业施肥技术方面的积累成果，在云南、河北、内蒙古自治区（以下简称内蒙古）、浙江等地，针对大蒜、牧草、糖料、水稻等作物开展了优化种植产业升级试验示范项目，建立了优势施肥技术组合体系。联盟还开展了有机水溶肥料中具有生物刺激特性物质对农产品提质增效的区域示范试验。近年来，中国农业科学院农业资源与农业区划研究所与产业紧密合作，在山东、河南、河北、北京、内蒙古、新疆维吾尔自治区（以下简称为新疆）、安徽、四川、湖南、黑龙江等 10 个省（区、市）的马铃薯、棉花、玉米、小麦、水稻、油菜、番茄、大蒜、苹果、桃等 10 种作物上开展了液体肥料尿素硝酸铵溶液（UAN）、聚磷酸铵（APP）与中量、微量元素配比示范试验，以及肥料增效剂（脲酶抑制剂、硝化抑制剂）与氮肥减施试验等，获得了大量基础试验数据，建立了我国以尿素硝酸铵溶液为载体的液体肥料组合技术（“UAN^{+}”液体肥料组合技术）。

科学施肥归根结底是养分资源的有效利用。养分资源包括化肥养分，也包括农业、工矿业、加工业等废弃物中的养分，以及耕地资源中的肥力养分。有效利用养分资源，就是要统筹和利用好这些资源。科学施肥已经由传统的注重作物施肥，开始综合考虑上升为构建作物—健康土壤—良好农田生态体系施肥的集成施策方案，结合灌溉施肥和机械化施肥现代化技术，逐渐形成一个以农业可持续发展为目标的养分资源科学管理的综合技术体系。重心向种植端渗透、提供多元化整体服务、更加注重产出端效益已成为联盟实践的核心目标，越来越多的联盟成员成为科学施肥的践行者和推广者。

（一）质量与规模效益

以复混（合）肥料、有机—无机复混肥料、水溶肥料等为主版块发展的肥料企业在产品研发、农化服务、作物营养解决方案等方面不断进行科技创新，将肥料制造与农业产业有机结合起来，建立起我国从肥料供应到粮食安全生产的保障体系。

金正大已在全国建设100个农化服务中心，针对不同土壤和不同作物提供系统的施肥方案。在国内26个省（区）、美国6所大学、美国农业部3个实验站的30多种作物上进行了缓释肥料试验示范与大面积推广，氮肥利用率比普通肥料提高50%以上，在减少20%~30%用量的情况下，仍可保持平产甚至增产。

山东农大肥业水稻控释肥料免追肥技术，通过试验证明具有不追肥、省工省事的优势，针对水稻每个时期的需肥量要求，利用科学方法进行控制释放，使肥效在适当时间有效发挥作用，可控氮、促磷、活钾，延长肥效，提高肥料利用率。

深圳芭田注重建立科研、生产、销售、终端一体化服务模式，以深圳松岗、江苏徐州、广西贵港、贵州瓮安、湖北钟祥、辽宁沈阳等全国六大生产基地为依托，为农作物提供全面均衡的营养，为农民提供完善技术支持和售后服务。

安徽司尔特在安徽省宣州、芜湖、定远、宿州等地开展了多年多点配方肥试验示范工作，涉及大田作物类、瓜果蔬菜类和果树类13种作物。在芜湖县水稻高产示范区进行高产高效集成技术推广，覆盖面积达到80%，水稻平均增产12%，达到11.3吨/公顷，节本增收1 500~2 250元/公顷，推广面积累计达330多万公顷。

安徽茂施利用可降解树脂包衣生产缓释肥料，拥有25万吨树脂包衣和30万吨控释掺混肥（BB肥）的生产能力。茂施致力于提高产品的内在价值、简便施肥和技术增值服务为农民创造价值。在水稻、玉米、小麦、经济作物上大面积应用缓释肥料简便施肥技术，改变了农民传统的施肥方式。2011年，开始研究符合小麦整个生长期的缓释肥料以实现小麦种肥同播，全国多点多次试验示范结果显示可实现小麦整个生育期（240天）免追肥。茂施又将小麦种肥同播技术进行试验、多次改良，创新性地提出了小麦宽幅垂直分层种肥同播技术，目前该项技术已大规模推广。

领先生物的产品包括微生物肥料、有机水溶肥料及缓释肥料。公司在水溶肥料基础上加入生物法提取的海藻活性物质及其他有机物，可提高肥料利用率、促进作物生长并改善土壤结构，在25个省区8万公顷的设施大棚、大田作物中推广使用。以树脂为包膜材料的缓控释肥料，用于水稻栽培和育苗、玉米等大田作物种植，2013—2015年在渤海粮仓示范工程中应用，可增产8%~10%，增效约20%。在山东省安丘市利用多功能微生物肥料综合防控生姜主要土传病害，结果表明，对姜瘟病、茎基腐病2种混合发生的土传病害的防效显著，综合防效达到96.8%，平均增产20.3%，维生素C、可溶性糖、可溶性蛋白、挥发油和姜辣素等关键性成分比对照（CK）分别高出69.4%、26.0%、65.1%、171%和51.7%。

（二）品质与生态效益

我国肥料产业多元化发展格局已经形成。所谓多元化，既是产品的多元化，大中微量元素、有机与无机成分、水溶与缓释、生物技术与微生物产品、发酵工艺与小分子产品、脲酶抑制剂与硝化抑制剂、土壤调理剂与农林保水剂等，也是施用对象的多元化，有利于作物品质与产量、土壤肥力、微生物数量的提高等。这些企业立足国内农业产业，放眼全球发展前沿，不断创新、探索、实践，取得了卓越成效。

汕头微补致力于中微量元素肥料科学施用技术推广。微补专家组根据气候、土壤、当地作物信息，科学制订营养方案，为经销伙伴提供满足农户需要的产品，切实解决农户缺微量元素的难题。微补技术顾问一对一服务，即时致电指导营养方案和使用技术，随时通过短信、微信、互联网等方式提供保姆式技术服务，提供产品说明、营养方案、视频资料、农户案例等。微补与广东电视台合作多年，为指导农民科学管理、合理施肥提供服务。

武汉皓达利用多元化产品组合技术，为农户提供多种作物生长全营养方案，针对性解决作物生长过程中出现的问题及土壤障碍性问题等。皓达拥有农化技术服务团队，在全国范围内指导营养元素的合理施用，并提供农化综合技术服务等，深受农户信任。在湖北建始县，通过农化综合技术服务，在葡萄上应用皓达含腐殖酸水溶肥料，试验结果表明，能有效促进葡萄芽早萌发2~3天，葡萄穗长平均增加3厘米左右，每穗果粒数增加15~20粒，果粒均匀，每穗果重平均增加40克以上，葡萄可溶固形物含量增加12%~15%，糖酸比增加，葡萄品质改善，葡萄产量增加2 250~3 900千克/公顷，增收15 000元/公顷以上。在惠莱示范田，能促使冬瓜结蔓枝形成，坐瓜增加30%，叶绿素含量（SPAD值）增加13%，烂瓜显著减少，冬瓜产量增加21%，南瓜、辣椒产量增加15%以上，增收均可达到4 500元/公顷以上。

陕西鼎天济农致力于以腐殖酸为基础的液态和固态有机肥的研发、生产和销售，产品包括复合肥、腐殖酸肥料、水溶肥、滴灌肥等，为广大农户提供多种农作物组合施肥方案。以济农优质腐殖酸系列产品为代表的肥料产品，在国内外200多个农产品基地合理施肥，种植绿色食品、有机食品，形成“多样产品+自有基地+互联网营销+对农产品定位”的最高标准。多年来示范试验结果显示，含腐殖酸肥料提质增效效果显著，肥料利用率可提高30%~39%，玉米产量可增加6.7%~7.4%，经济效益可提高5%~10%。

奈安股份河南远东自主研发的高分子生物材料，主要成分为聚谷氨酸，可提高肥料利用率。水培试验结果表明，聚谷氨酸可提高作物根系活力，促进根系对营养和水分的吸收，有利于N、P、K在作物茎叶中的积累，从而有效促进作物生长。2008—2015年，在12个省区的试验示范以及推广试验证明，施用聚谷氨酸有机水溶肥料可使底肥、苗肥同时减量，拌肥减量，滴灌施用化肥减量，可直接添加到复合肥料填充料中。适量用于叶面喷施可以代替苗期根部追肥，减少化肥投入，提高土壤的通透性，让土壤恢复活力、预防土壤板结。山东省郓城县玉米试验结果显示，在大喇叭口期使用，根系发达，抗旱保湿能力增强，氮肥、磷肥、钾肥利用率分别提高8.6%、4.7%、13.0%。

浙江奥复托自主研发并生产出NMAX氮肥增效剂，在全国20多省区、不同土壤类型、不同种植作物上的田间试验示范结果显示，具有减少氮素流失，增加磷素的吸收利用，促进微量元素吸收，提高作物产量和含糖量，减少土壤酸化和盐碱化等效果，作物平均增产15%。肥料减施试验显示，添加NMAX增效剂的肥料减施10%和20%的氮肥，作物不仅不减产，部分作物还有较明显的增产效果。多年研究结果表明，用量在300~375克/公顷时，增产效果明显，产投比也最高。用量达到600克/公顷时，部分作物（玉米、水稻等）可以实现一次性施肥，不需追肥，省时省工。将NMAX增效剂原药或各种剂型与各类型肥料混合，通过基施或者初期追肥的方式使用，可起到显著增产或肥料减施的效果。

二、废弃物资源生态安全利用实践进展

随着我国工农业生产的快速发展和居民生活水平的不断提高，产生的废弃物种类及数量也急剧增长，不但给生态环境带来很大压力，也严重影响我国未来经济社会的可持续发展，同时造成生产资源和自然资源的严重浪费。据估算，我国每年废弃物的有机养分总量高达8亿~10亿吨，是化学肥料养分的1.3倍，是不可低估的土壤有机养分资源库，同时也是碳氮循环的储备

资源库。矿质废弃物资源更是植物—耕地—水生态循环链中宝贵的无机养分资源。

废弃物资源化利用是土壤肥料产业重要发展内容之一，中国农业科学院科研团队在种植业、养殖业、水产业、加工业及工矿业的废弃物资源状况研究、利用技术、应用实践等方面开展了大量工作，并建立了我国秸秆和畜禽粪污等废弃资源的动态数据库。废弃物资源化利用研究和农业实践项目的探索，有助于引导工农业废弃物资源循环利用产业链和价值链提升，实现废弃物资源利用的产业化落地和区域化推广。同时还可促进大量废弃物资源安全有效还田利用，减少肥料的投入，改良和提升耕地质量，促进农业可持续发展。联盟成员多年来致力于废弃物资源优化利用，根据当地废弃物资源状况，凭借自身技术及产品优势，因地制宜，变废为宝，在推广实践中，积累了大量数据及经验，实现了生态效益与经济效益的双赢。

（一）种植业秸秆资源及利用

作物秸秆是自然界中数量极大且具有多种用途的可再生生物质资源，富含纤维素、木质素以及氮、磷、钾等作物生长所必需的矿物营养元素。我国是秸秆产出大国，2016 年，国家发改委、农业部（2018 年 3 月后改为农业农村部）印发的《关于编制“十三五”秸秆综合利用实施方案的指导意见》中提到，“据调查统计，2015 年全国秸秆理论资源量为 10.4 亿吨，可收集资源量约为 9 亿吨，利用量约为 7.2 亿吨，秸秆综合利用率达到 80.1%”。

中国农业科学院研究团队选择水稻、玉米、小麦、棉花、豆类、薯类、花生、油菜、甘蔗、其他谷物等主要农作物作为估算对象，采用大多数学者普遍使用的草谷比法作为秸秆资源量的估算方法，估算出 2017 年我国主要农作物秸秆资源量达 10.46 亿吨，可收集资源量 8.34 亿吨。其中，华北地区 3.30 亿吨，长江中下游地区 2.48 亿吨，东北地区 2.20 亿吨，西北地区 1.01 亿吨，西南地区 1.00 亿吨，东南地区 0.48 亿吨。同时估算出 2017 年秸秆中有机碳含量为 4.26 亿吨，氮磷钾养分资源量分别为 939.15 万吨（N）、296.28 万吨（P_2O_5）、1 601.67 万吨（K_2O），累计2 837.10 万吨。玉米、水稻、小麦三大类作物秸秆养分资源量占总量的 79.48%。若当年有 2/3 秸秆还田，还田的养分可替代约 21.1%的氮肥、16.0%的磷肥、100.4%的钾肥。

2016 年和 2018 年，联盟参与举办了废弃物资源化利用会议，邀请行业专家、企业分享了《东北黑土肥力提升与玉米秸秆还田技术》《滇池流域农业废弃物资源化利用技术研究》《农村分散式秸秆清洁化收集与生物发酵一体化》《秸秆全量还田技术及农业应用》《秸秆深翻埋还田和颗粒化还田研究》等专题报告，深入分析我国秸秆资源养分还田利用潜力及技术等。

秸秆还田技术的关键在于能否提升耕地质量，进一步对作物生产做出贡献。产业发展中多种技术结合的仲元模式在秸秆快速分解、秸秆全量就地还田等方面不断完善形成成熟的技术体系，建立了多种作物优质高效生产的产业体系。通过秸秆、多元矿物质和复合有益微生物菌群三种物料在收获时期全量粉碎就地还田，深翻到30厘米深的土壤中，大大提高秸秆的降解速度，可以使玉米、小麦、番茄、棉花的秸秆以及果树修剪枝条、落叶等在15~30天内快速腐熟分解，提高土壤有机质和腐殖质的含量，促进土壤团粒结构的形成。除就地消纳秸秆外，还可以利用养殖场的畜禽粪污，在收获和再种植的间隙进行大棚低温快速发酵生产有机肥后直接施入土壤。该模式已在全国14个省应用，涉及玉米、小麦、水稻等大田作物，番茄、黄瓜、茄子、辣椒、西葫芦、豆角、瓜类等设施蔬菜，以及苹果、梨、桃、樱桃果树等多种作物，有效克服了土壤连作障碍，取得了显著的效果。

（二）养殖业废弃物资源及利用

1. 畜禽粪污

随着社会经济的发展，大量养殖废弃物所带来的农业、农村环境污染等问题得到了国家高度重视，越来越受到社会和业界的关注。为保障新时期我国畜牧业持续稳定发展，2016年，农业部（2018年3月后改为农业农村部）等部委联合印发的《关于推进农业废弃物资源化利用试点的方案》中提到，“据估算，全国每年产生畜禽粪污38亿吨，综合利用率不到60%；每年生猪病死淘汰量约6 000万头，集中的专业无害化处理比例不高”。

中国农业科学院研究团队采用常用的产污系数法，以2017年我国主要畜禽养殖的存栏量、出栏量为基础数据，收集和整理多个文献资料、书籍中有关饲养周期、粪尿日排泄量、养分含量和收集系数等参数，推算出当年产生畜禽粪污资源量为34.49亿吨。其中，华北地区9.72亿吨，西南地区7.78亿吨，长江中下游地区5.72亿吨，西北地区4.88亿吨，东北地区3.57亿吨，东南地区2.82亿吨。粪污中有机碳含量为2.79亿吨，排放的氮磷钾养分含量累计4 258.42万吨，可收集的氮磷钾养分约2 924.04万吨。若当年有3/4畜禽粪污还田，还田的养分可替代约41.5%的氮肥、66.2%的磷肥、82.5%的钾肥。

畜牧业发展与环境污染之间矛盾日渐凸显，养殖废弃物的无害化处理与资源化利用技术、模式的深入挖掘和推广也显得尤为重要。2017年年初，全国畜牧总站提出“源头减量、过程控制、末端利用”的整治思路，在全国不同区域开展试点，建立推广模式。同时组织国家级团队，编印了畜禽粪肥资源化利用技术系列丛书，较全面地汇编了我国现阶段有关养殖废弃物无害化处理和资源化利用方面的技术体系。中国农业科学院研究团队负责主编了《畜禽粪肥检测技术指南》分册，并梳理了我国现行的畜禽粪污管理法规政策和综合利用技术。土壤肥料产业联盟、中国农学会农业分析测试与耕地质量评估分会、中国植物营养与肥料学会农化服务工作委员会等社团机构，多次主办废弃物资源化利用会议、论坛，邀请行业专家、联盟成员、种植大户交流经验。

农业废弃物资源是巨大的养料库，源自种植业再归还于农田的安全风险较低。畜禽粪污集中点源排出，数量大且持续输出，与种植业生长季匹配时间有限，需要通过工厂化生产，以提供易于储运、农田友好、与施用区域和作物相匹配的有机养料。然而，我国现阶段畜禽粪污资源利用深层次综合性技术问题仍很突出。首先是前端养殖业环节，养殖业排污所承担的责任尽管有法可依，但对进入农田后可能出现的问题缺乏技术约束力。养殖业追求产出效益优先是畜禽产品，而弱化或形式化了粪污可能产生的影响。这导致“先污染、后治理”“表象治理、隐性污染”等大层面的问题。其次是中间产业加工环节，商品有机肥料生产受多项优惠政策支持，可以为地方政府解决环境污染问题以扶持养殖产业。为了消纳养殖废弃物，政策措施后续缺乏有效配套技术手段管控风险，导致我国养殖业发达省区某些区域耕地质量重金属污染加重问题频发。实际上，有机肥料产业作为转包型产业存在的潜在问题越来越显现出来。最后是末端种植业环节，种植业对有机肥料一路绿灯，风险性问题被极大地忽视了。我国对有机肥料产业有着极好的优惠政策，并大力提倡施用有机肥，提升耕地质量等政策引导。但若缺乏精细化技术体系保驾护航，良好机制和政策会被大打折扣。由于有补贴政策，需求量增大，一些企业使用畜禽粪污为原料的比例减少了，取而代之的工业、加工业甚至城镇污泥垃圾等，这导致有机肥料产业的“黑洞”在某些地区被扩大加重。

畜禽粪污资源循环利用是一个巨大的产业链，涉及养殖业、加工业、种植业等。产业链的竞争力核心靠技术体系支撑，而持久发展靠价值链分配机制和生态风险控制机制的导向来促进。解决好畜禽粪污产业链问题关键还是要发挥好政策导向杠杆作用，终极目标是产出优质农产品和建造良好生态环境。因此，要开阔视野进行产业联合，深度挖掘产业有关畜禽粪污处理、还田利用的先进技术及典型案例，力求从种植业末端利用环节，提升区域化的畜禽粪污资源化利用技术水平，促进种养结合科技体系和产业平台的建立，优化农业产业结构，节约农业资源，提高产出效果，从而建立起多层次的良性生态循环，从根源上解决粪污还田污染问题。

2. 羽毛、兽骨

除畜禽粪污外，养殖过程中还会产生大量的禽类羽毛、兽骨、内脏、病死牲畜等废弃物。禽类养殖产生的羽毛量通常约占家禽体重的5%~7%。据中国畜牧业协会禽业分会统计，2017 年，我国鸡、鸭、鹅、鸽子等禽肉总产量为 2 345 万吨，以此推算，每年禽类羽毛产量在 117 万~164 万吨。

成都华宏利用成都平原鸭子河流域丰富的鸡、鸭、鹅养殖业的废弃羽毛，采用生物化工技术制成含氨基酸、有机酸的土壤调理剂，用于土壤盐渍化改良。2004—2013 年，在全国多种土壤类型、多种作物上完成了 160 多个示范试验，累计推广使用面积 67 万公顷。在盐碱荒地实现当年使用当年见效，连续 3~5 年荒地变良田，次生盐渍化造成的中低产田连续 2~3 年改良成功。

堃泰生物从事农牧业、园林、加工业废弃物处理技术研究近二十年，技术应用性强。2012 年开始，在云南省大理州利用农业秸秆、园林残枝、屠宰加工兽骨等农林及养殖废弃物研发成的土壤调理剂，分别在 12 个示范推广点进行土壤改良累计约 150 公顷，在治理当地土壤酸化、盐渍化方面取得了很大成效。

3. 综合利用技术

广西力源宝经过多年实践探索，从有机废弃物收集、处理到有机肥生产、销售、推广、应用，发展形成具有当地特色的全产业链服务模式。力源宝主要基于广西当地的种植与养殖特点、资源状况，自主设计开发了有机固废处理设备，可将畜禽粪污、城市污泥、制糖滤泥、餐厨垃圾等有机废弃物进行快速发酵腐熟。整个过程无需外源加热，短时间内温度可达 60~70℃，3~5 天即完成发酵，具有占地少、环境臭气少、处理效率高、运行成本低、肥料商品化程度高、技术成熟可靠、建设周期短等优势。力源宝还为种植基地、种植大户提供精准施肥技术服务，累计推广超过 13 万公顷，甘蔗增产 15~45 吨/公顷、含糖率提高 0.5~1.5 个百分点、降本增收超过 1.5 万元/公顷。

福建绿洲多年致力于通过生化技术将工农业有机废弃物循环利用，加工成高效绿色有机养料。所形成的“BFA 无臭免翻抛高堆自闷干工艺”充分保留了有机废弃物发酵过程中产生的小分子有机碳营养（可被植物根系和微生物直接吸收利用的碳，直径小于650纳米的碳称为小分子碳），使有机营养在土壤中快速为土壤微生物提供养料，修复土壤问题。该技术为利用有机废弃物堆肥企业提供低生产成本服务，减少堆肥的臭气、粉尘，提升有机肥的有机营养，提质增效明显。自2013年BFA技术得以规模化传播和利用以来，已累计处理零散型畜禽养殖废弃物280万吨，改良农田近20万公顷。近几年，绿洲推出利用有机碳菌液微氧发酵处理有机废水的工艺技术，将有机废水中的有机大分子转化为有机小分子，可使大量沼液变废为宝。

（三）水产业废弃物资源及利用

1. 海藻

海藻是海洋中生物多样性最丰富的植物群，主要有褐藻、红藻、绿藻等，是规模最大的海洋生物资源。海藻特有的海藻多糖、海藻酸、不饱和脂肪酸等有益于植物生长及土壤改善。据FAO统计，2018年全球海藻产量达3 238.6万吨，其中有相当比例的海藻被利用于农业。2018年中国海藻产量为1 850.57万吨，占全球总量的57.1%。海藻渣是海藻工业中最大的固体排放物，若海藻渣采用排放和填埋的方法进行处理，不但污染水体，还浪费可利用的资源。浒苔为近海滩涂中的天然野生绿藻，其自然繁殖能力特别强，产量大。和赤潮一样，大量繁殖的浒苔遮蔽阳光，死亡的浒苔还会消耗海水中的氧气，严重影响海洋生物的生长。随着对有机农业、绿色农业、无公害农业的意识逐步加强，将海藻深加工的后端废弃物以及无害化处理后的浒苔作为资源，并制成有机类养料，既解决了环境问题，又为土壤提供了大量的有机养分。

威海世代海洋有1 000公顷养殖基地，年产鲜海带20余万吨，采取完全放养模式，从源头保证了生产原料的品质和需求。凭借海带资源优势，首创海藻生物酶解工艺，利用微生物酶的催化作用消解藻体、融壁，并将大分子物质裂解成作物可直接吸收利用的小分子营养，集成固液相分离、营养富集等技术进行生产。世代海洋建成太阳能光伏供热，数字化控制的酶法制备海藻肥生产线，设计产能10万吨。系列海藻生物有机水溶肥料用于果树、蔬菜、中草药、粮油等作物，已在国内16省（区、市）以及美国、日本、韩国等国应用，面积达到1.2万公顷。结果显示，化肥用量可减少25%左右，增产、提质、改土综合功效显著，增产幅度达到11%~32%，农产品有机营养含量提高10%~58%，口感好，耐储存，提升价值，果蔬类亩均净增收1 200元以上。

加拿大阿卡迪安是全球大型培育并收获海洋植物原材料，并以马尾藻为基础原料研发生产海藻高附加值成品及海藻肥料的企业，产品出口 70 多个国家。阿卡迪安用作原料的马尾藻来自加拿大北部洁净、无污染的大西洋海域，提取制成的产品含有丰富的氮、磷、钾、氨基酸、有机质、海藻酸等营养物质，能被作物迅速吸收，提高植物的光合作用，促进根系生长和花芽分化，提高坐果率，增强作物的抗灾抗病能力，是世界上公认的无公害、速效、绿色植物生长促进剂。

青岛明月从事新型海藻肥料及农业微生物制剂的研发、生产，致力于为全球绿色农业提供健康的海藻生物肥料产品和解决方案，旨在进一步加深海藻肥提取加工、使用方法、应用效果及其作用机理的研发与应用，增强海藻肥改良土壤、肥药增效、提高作物品质及抗逆性、增加作物产量等功效。

青岛海大在青岛胶州湾工业园和威海金海湾工业园建设了两处生产基地，其中，胶州“浒苔无害化处理与资源化利用基地”是目前国内唯一的绿藻大规模加工利用的专业化基地。威海生产基地依托特殊的地理位置和丰富的海洋生物资源优势，已初步成为山东半岛地区海洋生物资源规模化开发利用的产业化示范基地。所生产的以海洋生物资源海藻、贝类为主要成分的土壤调理剂产品是新兴的土壤改良产品，在改良土壤环境、重金属污染土壤修复等方面应用，取得了良好效果。

北京雷力业务领域涉及平衡农业（藻源生物刺激素及海藻肥）、健康藻业（海洋绿蔬和海藻提取物岩藻多糖）和生态环境（园艺健康养护），是中国最大的海藻功能活性物质——岩藻藻酸双酯钠的研发生产企业，生产基地设在北京和山东。雷力采用马尾藻为原料，经酶解工艺加工而成，含诸多海藻活性物质，在农业生产中具有促根、促果、促产、抗酸、抗盐、抗碱、有效抵御极端天气等作用。

利用生物技术将海藻废弃物转化成新型营养制剂，使其成为农业提质增效的好帮手，不仅解决了海藻加工废弃物、低值海藻污染环境的问题，还能促进海藻养殖，增加海洋碳汇，维护海洋环境平衡。

2. 牡蛎壳

《中国渔业统计年鉴》数据显示，2018 年我国牡蛎养殖面积 14.44 万公顷，主要分布在福建、山东、广东、辽宁、广西等省（区），其中福建养殖面积最大，达 3.62 公顷。2009—2018 年，我国牡蛎产量由 350.38 万吨增至 513.98 万吨，增幅约 47%，年产牡蛎壳平均约 300 多万吨。我国产业化的牡蛎主要有两种，一种是太平洋牡蛎，适合带壳销售，不利于集中收集牡蛎壳；另一种是台湾海峡的葡萄牙牡蛎，个头较小，适合取肉出售，因此，大量的牡蛎壳被留在了养殖地。福建省每年超过百万吨的牡蛎壳被遗留在加工区域，规模分散污染面广，成为当地环境治理的难点。

烟台众德以经营多品种肥料为主，也生产以牡蛎壳为主要原料的土壤调理剂。经过多年的努力，研发出土壤调理剂，其优势在于牡蛎壳处理工艺及配方配比采用特殊工艺处理牡蛎壳，经粉化处理后按特定比例应用于土壤调理剂中，以充分利用牡蛎壳中微量有机物质的生物活性和优异的吸附性。产品在烟台栖霞观里镇潘家岭和烟台牟平玉林店镇的苹果应用试验数据显示，土壤 pH 值可提高 0.2 个单位，平均增产超过 6%，成为胶东半岛酸性土壤改良的良品。

福建玛塔致力于牡蛎产业面源污染市场化综合治理，牡蛎壳生物改良材料研发、制造、应用，首创牡蛎壳“保护性烘焙分段活化”生产工艺，打造出从牡蛎养殖、牡蛎集中加工、牡蛎壳集中清运、牡蛎壳无害化集中处理的牡蛎产业循环可持续发展之路——玛塔模式。近年来，玛塔在全国范围内开展了 200 余次的田间试验示范，积累了大量的田间试验数据，为产品标准化生产和推广应用奠定了坚实的基础。玛塔已初步构建出了以土壤调理剂、土壤重金属污染修复剂、生物肥料载体、饲料添加剂、水质改良剂、水环境生物滤材等环境修复药剂、环保建材为主的产品体系。

3. 虾蟹壳、低值鱼

除了目前已经基本完成产业化的海藻和初步实现产业化的牡蛎壳以外，虾蟹壳、低值鱼等也可以作为资源利用起来。全世界每年产生 600 万～800 万吨废弃的蟹、虾和龙虾壳，其中仅东南亚就占 150 万吨（张章，2015）。虾蟹壳可有效利用的成分主要分为几丁质、蛋白质、生物钙三个组成部分。壳聚糖是几丁质的脱乙酰化产物，可用于医疗保健、食品加工、农业等领域。

安徽神农位于中国淡水龙虾之都——合肥市，原料虾壳收购于合肥市及周边龙虾加工市场，全市周边养殖户近 8 000 家，龙虾养殖捕捞产量达到 5 万吨，大型的龙虾加工企业 17 家。神农以食品加工业废弃物虾蟹壳为主要原料生产甲壳素，进一步将以分解形成的壳聚糖、壳寡糖为原料，开发的系列产品应用推广于农业生产，有效提高了肥料利用率，减少了农药的使用次数，取得了可观的经济效益。

现代捕捞技术渔获物中的小鱼、小虾及水产品加工下脚料一般占渔获物的 28%。低值鱼是鱼蛋白饲料、肥料的主要原料。低值鱼及下脚料通过生物降解技术，可提取氨基酸、多肽、有机酸、矿物质，配以海藻提取物等，开发生产有机水溶肥料（鱼蛋白有机液肥），不但变废为宝、促进了水产加工产业链的延伸，还解决当地的环境污染问题。

（四）加工业废弃物资源及利用

1. 糖蜜

糖蜜，也称废蜜，是甘蔗和甜菜制糖过程中不能再结晶糖的残余糖浆，每生产 3 吨糖大约产生 1 吨糖蜜。糖蜜可用作酵母、酒精、味精、有机酸等发酵制品的底物或基料，也可用作某些食品的原料和动物饲料。糖蜜发酵后，其中可发酵性糖被用掉，而里面还有一些非发酵性糖、有机胶质和酵母代谢产物，这些物质在废液中如果直接排放，虽然无毒却容易导致水体富营养化，产生环境污染。

安琪酵母是专业从事酵母类生物技术产品经营的高科技上市公司和国内酵母行业龙头企业。其植物营养与保护事业部以公司酵母发酵培养液为主要原料，通过开发出富含氮磷钾、生化黄腐酸、活性生物酶等物质的新型肥料产品，形成一条环保处理与生物肥料相结合的循环经济之路，解决了糖蜜废水处理的难题。

2. 味精尾液

中国是世界上第一大味精生产大国，谷氨酸年产量在 130 万吨以上（黄世文等，2009），占世界总量的 2/3 以上，目前国内对氨基酸发酵尾液的资源化组分回收主要集中在谷氨酸发酵尾液上。经过浓缩的谷氨酸废母液中含有大量的游离氨基酸、有机质以及农作物所需的大量营养元素。同时，氨基酸植物营养液 pH 值显酸性可改善盐碱地的酸碱度，经定向定量添加磷、钙等元素制备的氨基酸植物营养液，可以有效改善盐碱地土壤结构。

阜丰集团是全球第一大味精、黄原胶生产商，年产味精 140 万吨，黄原胶年产能达 5 万吨。阜丰形成了以农产品为原料制取淀粉、以淀粉制备葡萄糖、再以葡萄糖为原料通过微生物发酵生产氨基酸、生物多糖产品，最后将发酵残渣、废水制作成生物发酵肥反哺农业的“农产品→生物制造→氨基酸、生物多糖及有机类肥料→农产品”以粮养粮的循环经济发展模式。

3. 餐厨废弃物

我国餐厨废弃物产生量逐年连续增长，已成为城镇生活垃圾的重要组成部分。2018 年全国生活垃圾清运量为 2. 28 亿吨（国家统计局），而全国餐厨垃圾产生量为 1. 08 亿吨（前瞻产业研究院），已占到生活垃圾总量的近一半。餐厨废弃物是继畜禽粪污、人类排泄物、秸秆的第四大有机废弃物，含有丰富的蛋白质、淀粉、纤维素、脂肪等有机物，含量占固体物质总含量的95%以上，同时还富含氮、磷、钾、钙及微量元素。与其他废弃物相比，餐厨废弃物中有毒有害物质（如重金属等）含量少，若能有效利用将会是极具价值的资源。

北京嘉博文专注于有机废弃物循环再利用、耕地质量提升服务。从2004年开始，嘉博文对餐厨废弃物处理进行专项研究，在全国9个城市建设有14个场站，日处理能力达2 500吨，综合处置规模居行业第一，占全国总处理能力的19%。所采用的生物强化腐殖化技术，获国家技术发明奖。以餐厨废弃物为原料生产的土壤调理剂产品，能快速激活土壤微生物，改善钝化重金属、抗重茬等多种土壤问题。

（五）工矿业废弃物资源及利用

1. 烟气脱硫石膏

烟气脱硫石膏是燃煤烟气脱硫副产物，主要是指工业发电燃煤脱硫过程中产生的固体副产物。2018年，我国烟气脱硫石膏产量为7 370万吨，利用量为5 750万吨，利用率为78%，累计堆存量超过2.1亿吨（中国建筑材料联合会石膏建材分会）。烟气脱硫石膏主要成分为二水硫酸钙（$CaSO_4 \cdot 2H_2O$），含量大约为90%。烟气脱硫石膏大量被应用于工业材料，在农业方面主要用于盐碱地改良，所占比例较少。

清华大学盐碱地改良研究中心及由清华大学出资成立的华清农业也致力于烟气脱硫石膏改良盐碱地，2019年获得环保科技进步一等奖。这是清华几代人多年致力于我国能源工业良性发展所取得的结果，建立了从工业向农业领域全产业链延伸、大面积改良盐碱地的技术体系。西部环保每年烟气脱硫后产生的烟气脱硫石膏总量约20万吨，采用石灰石/石膏湿法工艺烟气脱硫技术，加工成土壤调理剂，用于盐碱地改良，取得了良好的效果。

2. 硝酸磷肥副产物

硝酸磷肥是采用硝酸为原料分解磷矿，再通过后加工生成含氮磷或氮磷钾的复合肥料，生产上大多采用冷冻法。用硝酸分解磷矿可减少磷化工对硫黄（硫铁矿）资源的过度依赖，避免磷石膏的排放。采用冷冻法在生产硝酸磷肥及硝酸磷钾肥过程中，会副产大量的四水合硝酸钙结晶体［$Ca(NO_3)_2 \cdot 4H_2O$］，简称CN滤饼。CN滤饼的利用途径一是生产农业用硝酸钙、硝酸铵钙等，二是进一步转化为$CaCO_3$滤饼（简称CC滤饼）。

施用石灰类物质是农业上一项传统而有效的酸性土壤改良措施。碳酸钙可以提高土壤pH值和交换性钙含量，降低铝和其他重金属对作物的毒害，提高作物的产量和品质，还可以促进胶体凝聚，形成良好的土壤结构。因此，硝酸磷肥副产品 CC 滤饼经过无害化处理后可作为土壤调理剂，用于酸性土壤的改良及作物生产中。

天脊集团于 20 世纪 80 年代初，成套引进德国、日本、法国、挪威等 8 国 11 项专利技术，是我国第一个以煤为原料生产高效复合肥的大型现代化企业。主要化肥产品为硝酸磷肥、硝酸磷钾肥，其在生产过程中会产生大量的副产品 CN 滤饼。2013 年，天脊集团联合中国农业科学院进行了《硝酸磷肥副产品综合利用项目》研究，利用硝酸磷肥副产品（CC 滤饼），生产兼具土壤调酸和耕地重金属污染修复功能的碱性土壤调理剂，对于循环经济、节能减排具有重要意义。

3. 含钾矿物

中国钾长石储量丰富，按 K_2O 计（折纯）大于 100 亿吨，主要分布于安徽、内蒙古、四川、新疆、山西等地。钾长石通过高温煅烧法、水热化学反应法等活化工艺生产土壤调理剂，不仅可以提供一定含量的钾，还可以补充矿质元素，调节土壤酸碱性，提高土壤胶体性能和离子交换能力等。

联盟多家企业致力于利用含钾矿物加工土壤调理剂以改良土壤。中科建成以富钾岩石为原料，采用加压蒸养工艺生产的钾硅钙微孔矿物质土壤调理剂，具有特殊的微孔结构和纳米微粒结构，既具有肥料的功能（向植物生长提供上述矿物质元素养分），又具有土壤调理剂的效果（防治土壤酸化、板结等）。先后在全国 27 个省市的 100 多个地区对 60 多种农作物开展了试验示范，粮食作物通常增产 5%～10%，马铃薯等根茎类作物能达到 8%～20%，取得了良好的综合效果。

4. 钼尾矿

据美国地质调查局 2016 年数据显示，世界钼资源储量约为 1 500 万吨，中国钼资源储量为 840 万吨，位居世界首位（伍红强等，2018）。我国钼矿床中钼品位普遍较低，在采用浮选技术提取钼资源的过程中，占矿石开采量的 95%以上会以尾矿排出。利用钼尾矿和白云石，通过高温矿化等工艺生产土壤调理剂，用于改良酸性土壤，可实现变废为宝。

5. 碱业副产物

纯碱为基本化工原料，下游产业主要为玻璃、陶瓷建材等。我国每年以氨碱法生产纯碱所产生的副产物白泥高达数百万吨，实现工业和农业的绿色循环和可持续发展是利用好碱业副产物的必由之路。以碱业副产物为原料生产土壤调理剂，原料成本低、风险可控。

广东大众从20世纪90年代末开始，联合广东省农科院进行碱业副产物的农用资源化研发，“制碱废渣无害化处理技术与土壤调理剂（钙镁肥）综合应用研究”成果荣获2007年东莞市科技一等奖、2008年广东省科技三等奖。专利技术产品“田师傅”土壤调理剂适用于长江以南酸性土壤的改良，尤其是推荐施用于酸性较强的砖红壤、赤红壤、红壤和部分黄壤等耕作区域，在提高作物产量、改善作物品质方面效果明显。

三、区域土壤培肥改良与耕地质量提升

土壤是地球表面具有生命力的资源，耕地与人类活动息息相关，为所生息的生物提供养料来源。用地养地是遵守科学法则的做法，只用不养，地力自然要衰退。基于这一科学法则，将科学施肥、废弃物资源化有效利用和提升地力作为土壤肥料产业协同的宗旨，与土壤资源、水资源可持续利用及绿色发展相契合。联盟分别在新疆、内蒙古、四川、福建、云南、甘肃、湖南、广西等多地开展区域土壤肥料产业研究与实践活动，推广应用土壤改良培肥综合技术，力图联合不同资源技术的肥料和土壤调理剂生产企业合作，向种植业生产端侧重，建立一套适应我国现阶段农业产业绿色发展的科学施肥、废弃物资源化利用和耕地质量提升技术体系。

（一）我国耕地资源

民以食为天，食以土为本。耕地是人类赖以生存的重要资源，也是我国农业及社会可持续发展的基础。然而经济的快速增长与人口的持续增加给耕地资源带来了巨大的胁迫，“藏粮于技，藏粮于地”的提出就是要加大防控耕地资源低效利用、耕地质量下降风险的力度，保障粮食安全和生态环境安全。加强耕地资源保护、管理和有效利用，确保耕地资源的数量和质量是我国实现国家粮食安全和农业绿色发展的战略选择。

2020年5月，农业农村部发布《2019年全国耕地质量等级情况公报》，公布了全国及不同区域耕地质量现状，并针对耕地土壤障碍因素，提出耕地质量建设的对策建议，指导各地因地制宜加强耕地质量建设。公报将全国20.23亿亩耕地质量等级由高到低依次划分为一至十等，平均等级为4.76等，较2014年提升了0.35个等级。公报显示，评价为一至三等的耕地面积为6.32亿亩，占耕地总面积的31.24%（较2014年的27.3%升高）；评价为四至六等的耕地面积为9.47亿亩，占耕地总面积的46.81%（较2014年的44.8%升高）；评价为七至十等的耕地面积为4.44亿亩，占耕地总面积的21.95%（较2014年的27.9%下降）。可以看出，全国范围内中、低等耕

地面积超过2/3。

我国耕地质量等级评定有两套标准，分别是基于原国土资源部门的《农用地质量分等规程》（GB/T 28407—2012）和原农业部制定的《耕地质量等级》（GB/T 33469—2016），二者在评价的侧重点、方法及应用上不尽相同，但两部门发布的全国耕地质量公报都显示出我国耕地质量整体偏低的事实。而我国在耕地质量提升方面有许多科技成果及经验，需要从产业政策、管理机制、技术措施上付诸实施，才能实现我国“藏粮于技，藏粮于地”的可持续发展目标。

（二）土壤培肥

土壤肥力是土壤各种理化性质的综合反映，各种肥力因素（水、肥、气、热）同时存在、相互联系和制约。土壤肥力评价指标包括土壤营养（化学）指标、土壤物理性状指标、土壤生物学指标和土壤环境指标等。农业农村部发布的《2016年全国耕地质量监测报告》表明，全国耕地土壤耕层变浅、土壤板结问题较为突出。从区域分布看，上海、江苏、广东等省（市）耕层平均厚度低于18厘米，而适宜作物生长的耕层厚度在20厘米以上；北京、天津、河北、河南、山东等省（市）土壤容重较高，土壤板结问题相对突出。同时，由于施肥结构不合理，“重氮肥、轻磷钾肥和微肥”导致土壤养分失衡，“重化肥、轻有机肥”造成我国土壤中的有机质含量严重下降，全国土壤有机质平均含量2.43%，其中黄土高原区、甘新区和黄淮海区有机质含量较低，平均含量1.0%~2.0%，明显低于美洲、欧洲及其他很多国家和地区。

针对我国不同区域的土壤肥力现状，通过秸秆还田、施用有机肥、种植并翻压绿肥、合理施用化肥、合理耕作及水土保持等综合管理措施，可以进一步提升土壤肥力。合理施用化肥需考虑当地土壤理化性状、作物生长需要等条件，确定化肥用量及施用方法。合理耕作主要包括土壤耕翻、合理轮作/间作等措施，通过对耕地用养结合的方式培肥土壤。提高土壤有机质含量是培育土壤肥力的根本，有机废弃物资源是个巨大的养料资源库，有效循环利用进入土壤，是提高耕地附加值和内在生产力的必行之路。

1. 秸秆还田技术

秸秆还田是我国粮食主产区秸秆肥料化利用的主要技术之一，可有效解决秸秆焚烧及秸秆堆积问题，同时达到改良土壤理化性质、培肥地力等多重目标。不同地区因秸秆资源类型、土壤条件、气候等因素不同，适用的秸秆还田技术也有所差异，如：东北高寒区玉米秸秆深翻养地模式、西北干旱区棉秆深翻还田模式、黄淮海地区麦秸覆盖玉米秸旋耕还田模式、黄土高原区少免耕秸秆覆盖还田模式、长江流域稻麦秸秆粉碎旋耕还田模式、华南地区秸秆快腐还田模式等。此外，秸—饲—肥种养结合模式、秸—沼—肥能源生态模式、秸—菌—肥基质利用模式、秸—炭—肥还田改土模式，则通过将秸秆制成饲料、制取沼气、配制食用菌栽培基质、生产生物炭等方式，利用其副产再生产肥料进行还田，从而实现秸秆的循环利用。

2. 畜禽粪污还田利用技术

以畜禽粪污为原料制造商品有机肥或堆沤有机肥进行还田，不仅消纳了畜禽粪污等有机废弃物，同时提升了耕地综合生产能力。各区域应因地制宜，根据养殖现状和资源环境特点，以源头减量、过程控制、末端利用为核心，选择经济适用的利用技术模式。如肉牛、羊和家禽等以固体粪便为主的规模化养殖场，鼓励进行固体粪便堆肥或建立集中处理中心生产商品有机肥；生猪和奶牛等规模化养殖场鼓励采用粪污全量收集还田利用和“固体粪便堆肥+污水肥料化利用”等技术模式，推广快速低排放的固体粪便堆肥技术和水肥一体化施用技术，促进畜禽粪污就近就地还田利用。

当前，我国既有可自行处理畜禽粪污的大、中、小型规模养殖场，也有大量不具备粪污处理能力的中小型规模养殖场、养殖小区及散养户。针对这些现状，在畜禽粪污减量化、无害化和资源化的原则下，全国畜牧总站提出粪污处理和资源化利用“2+3”模式。“2”是指粪污处理组织方式，即分散处理和集中处理。分散处理是养殖场（户）自行处理和利用畜禽粪污的方式；集中处理是在养殖密集区依托粪污处理中心，对周边养殖场（户）的粪污实行专业化收集和运输，进行无害化集中处理和资源化利用的方式。“3”是指具体粪污无害化处理和资源化利用的技术模式，包括种养结合、清洁回用和达标排放。“2+3”模式对于突破畜禽养殖产业发展瓶颈，推动畜牧业转型升级，加强生态环境保护，构建资源节约型、环境友好型现代畜牧业具有重要的促进作用。

3. 加工业有机资源还田利用技术

酵母发酵醪液是制糖业副产物，甘蔗（或甜菜）糖蜜通过酵母菌发酵，再分离酵母后的培养液。其含有丰富的营养物质，固形物中 70% 为水溶性有机质，如自溶的酵母菌体蛋白、细胞壁多糖、氨基酸、维生素、甜菜碱，30%左右为灰分，含氮、磷、钾、钙、镁、硫、铁等大中微量元素。

安琪酵母作为目前亚洲最大的酵母生产企业，年产酵母发酵醪液约 60 万吨/年。主要利用发酵醪液生产有机水溶肥料、有机肥料、生物有机肥料、复合微生物肥料等，肥料产能达到 20 万吨/年。其中有机肥料做底肥使用，可以改良土壤结构，增加土壤养分，改善作物的品质；有机水溶肥料中水溶性有机质含量高，可改善土壤肥力，促进作物根系生长，增产提质效果突出。目前，区域服务布局涉及全国 200 多个县市。

北京嘉博文利用餐厨废弃物，通过自主研发的生物强化腐殖化技术，生产的有机源土壤调理剂产品，有机质含量大于 75%，易氧化有机质含量大于 20%，获得国际、国内双重有机认证。嘉博文服务点涉及全国 10 个省市、46 个县市、141 个乡镇、310 个合作社（基地）。在呼伦贝尔，利用土壤调理剂产品种植出有机大豆、有机玉米、有机黑小麦、有机马铃薯，作物的抗旱能力得到增强，品质得到提升，对土壤有机质提升、腐殖质增加等均有显著效果，建立了黑土地保护利用的新型种植模式。在湖北郧阳，发展环水有机农业，实现了水体减氮 30%，年均土壤有机质提升 0.2 个百分点。

（三）土壤改良

我国约 2/3 的耕地具有土壤障碍性状，而耕性良好的农田（如东北黑土）也存在退化的趋势。2016 年，农业农村部对 850 个国家点位的监测结果显示，全国土壤 pH 值变幅为 3.3~9.1，pH 值小于 5.5 的监测点所占比例 30.0%，土壤酸化问题比较突出，而且土壤盐渍化加剧。2006—2014 年，新疆灌区盐渍化耕地面积由 31.7% 提高至 37.7%。河西走廊、河套平原、松嫩平原西部的盐渍化耕地也占有较高比例。

针对土壤酸化问题，联盟多次组织成员赴四川、云南、浙江等地调研；针对土壤盐碱化问题，赴内蒙古、新疆、山东等地调研。在积极进行试验示范的同时，召开现场会，展示区域内先进的综合治理模式；举办技术交流研讨会，促进企业与科研部门的交流，推动技术的转型升级和新技术的产业化落地。在研究方面，结合近年来积累的区域性数据，联盟梳理了当前主要的土壤改良技术，为改善土壤环境、增强土壤可持续利用提供支持。

1. 酸性土壤改良

据报道，土壤酸化在我国范围内普遍发生，酸性土壤面积在不断扩大，不仅南方地区土壤酸化加剧，北方的石灰性土壤同样出现了酸化，且经济作物体系土壤酸化比粮食作物体系更为严重（Guo et al.，2010）。氮肥过量施用、酸沉降和不合理的轮作制度等均加速了土壤酸化，土壤表现出“酸、瘦、毒”等特性。酸性（化）土壤（pH 值≤5.5）的改良利用是一项系统工程，应综合考虑合适的肥料品种、土壤调理剂、作物品种及耕作措施的运用。具体措施包括：①施用石灰或土壤调理剂，如选择以白云石、钾长石、牡蛎壳或其他工业副产为原料生产的碱性土壤调理剂。②合理施用肥料，如控制化学肥料的用量，施用碱性或生理碱性肥料，施用有机肥等。③科学的耕作措施，如选择较能耐酸的水稻、马铃薯、茶树、烟草等作物进行合理的轮作等。④加强水分管理措施，有条件的区域，可采用滴灌、喷灌等水肥耦合管理措施。

天脊集团利用硝酸磷肥副产品为原料生产的土壤调理剂，经过前期的科学试验示范，先后在福建、重庆、海南、湖南、广西、山东、江苏、河南、四川、陕西、安徽等地的酸性土壤上进行应用，结果显示，土壤 pH 值得到提高，地力逐步改善，作物死苗黄苗现象减少，节约化肥用量 20%以上。现已累计推广面积近 7 万公顷，不仅实现了企业清洁生产和资源循环利用，且有效减轻了土壤酸化对农业生产和生态环境的危害。

广东大众以制碱废渣无害化专利技术生产的土壤调理剂产品，目前实现年产 30 万吨，主要适用于长江以南酸性土壤的改良，广泛应用于水稻、玉米等大田作物，甘蔗、香蕉、荔枝等各种水果及各种蔬菜。截至 2017 年，累计推广使用面积已达 140 万公顷，施用 1～2 茬作物之后，土壤 pH 值提高，透气性增强，同时可提供植物所需的钙、镁、钾、硅等元素，增强作物光合作用，减少病虫害，增产增收，延长保鲜期。

成都新朝阳多年来专注于土壤的改良与修护，利用公司现有的土壤改良与修护技术产品资源，通过产品与耕作技术的结合，针对不同区域的土壤障碍问题，提供有针对性的解决方案，服务现代农业生产。新朝阳与中国农业科学院等合作完成的“我国典型红壤区农田酸化特征及防治关键技术构建与应用”，荣获 2018 年国家科学技术进步奖二等奖。

成都天杰在四川多个水果和蔬菜种植区长期跟踪研究发现，土壤平均 pH 值由 20 年前的 6.2 左右，降低到 4.8～5.2，病害发病率由原来的 10%左右，提高到 40%左右。通过对这些区域连续四年的土壤试验、跟踪监测，初步探索出一条区域土壤修复与施肥的创新治理模式和技术服务模式。①通过少量多次地使用采用矿石高温煅烧生产的土壤调理剂，改善土壤酸碱度，同时为土壤提供钙、镁、硅、钾等有益元素。②使用加入了不同功能性菌种的有机肥，可提升土壤中微生物活体的数量。③科学使用化学肥料，有针对性补充短缺元素，有效控制化肥的使用，以土壤养护为最终目的。该模式已在四川成都、眉山、乐山、德阳等区域逐步推进，涉及的主要作物有辣椒、番茄、莴笋、大葱、洋葱、柑橘、蜜柚、葡萄、猕猴桃等，推广面积达到 1 万公顷以上。

福建玛塔作为牡蛎壳固废处理企业，相继推出以牡蛎壳为主要原料的土壤调理剂，产品呈碱性，含钙高，同时含氨基酸、甲壳素等增效成分。通过与国内外多家企业合作，2012 年以来，在四川、云南、广西、海南、湖南、福建等地的水果、蔬菜等作物上，应用效果显著，能够阻控土壤酸化，同时可以疏松土壤、保水保肥，提高作物产量和品质。

2. 盐碱土壤改良

我国的盐碱土种类较多，面积几乎占国土面积的 1/3，约占全世界盐碱土面积的 1/10，分布范围较广，环境条件复杂，覆盖了热带和寒温带、滨海和内陆、低地和高原地区。根据我国盐碱土的类型及所在地区的水文地质、地形、成土母质和气候特点，将我国盐碱土的主要分布区域分为 6 个，滨海海浸盐渍区、黄淮海斑状盐渍区、东北苏打碱化盐渍区、宁蒙片状盐渍区、甘新内陆盐渍区、青藏高寒盐渍区（李志杰等，2015）。

盐碱土属障碍性土壤，其不良特征表现为“瘦、板、生、冷”，其中“瘦”表现为营养物质缺乏；“板”表现为土壤板结；“生”表现为微生物数量少、活性低；“冷”是盐碱土的不良热量特征，表现为地温偏低。盐碱土的改良要分析盐碱形成的原因、存在的障碍因素、可利用的自然条件，要坚持多措并举、综合治理的原则，从而制定适宜的改良技术措施。具体措施可分为排灌措施、化学改良措施、培肥措施、耕作措施、生物措施和工程措施（李志杰等，2015）。

应用石膏改良土壤已有 100 多年的历史。大量研究结果表明，烟气脱硫石膏能显著改善土壤的质地和排灌特性，降低土壤 pH 值、全盐量、碱化度（ESP）和钠吸附比（SAR），改善阳离子交换量，同时可增强土壤的离子吸附能力，提高土壤持水性。自 2015 年以来，西部环保利用烟气脱硫石膏生产的土壤调理剂，先后在内蒙古乌海和鄂尔多斯、甘肃白银、新疆等盐碱地上进行了水稻、玉米、油葵、小麦、棉花等作物上的小区和示范推广试验，总计达 1 万公顷，在持续降低土壤 pH 值、碱化度、总碱度以及提高作物产量等方面效果显著。

味精发酵液呈酸性，富含多糖、氨基酸、蛋白质等有机物，还含有大量的氮素以及部分中微量元素。阜丰集团沃丰农业利用味精发酵副产物生产土壤调理剂来改良盐碱土壤。2017 年共计建设示范田 1 276 块，试验选址遍布全国各地，在北方主要以盐碱地为主，南方主要以设施农业为主，作物品种有水稻、玉米、高粱、燕麦、紫花苜蓿等。试验表明，土壤的酸碱性得到有效调节，有极其显著的“保水、增肥、透气”三大土壤调理性能，作物产量和品质达到双优的效果。

我国有开发价值的盐碱地面积高达 3 400 多万公顷，相当于我国现有耕地总面积的近 1/4。如果能对当前障碍土壤进行大规模有效改良并加以农业利用，对于增加耕地面积、发展现代农业和改善生态环境都具有重大战略意义。

参考文献

黄世文，王玲，王全永，2009. 工农业发酵废弃物的微生物解决及应用前景［J］. 生物产业技术（z1）：49-53.

李志杰，孙文彦，等，2015. 盐碱土农业生态工程［M］. 北京：科学出版社.

伍红强，刘诚，陈延飞，2018. 我国钼尾矿资源综合利用研究进展［J］. 金属矿山，506（8）：169-174.

张章，2015-8-26. 科学家认为虾壳蟹壳作为一种可再生资源价值巨大［N］. 中国科学报（3）.

Guo J H，Liu X J，Zhang Y，et al.，2010. Significant Acidification in Major Chinese Croplands［J］. Science，327（5968）：1008-1010.

第二章　跟踪前沿深入产业体系研究

本部分主要介绍了我国土壤肥料产业技术法规、国际技术法规动态以及国外先进农业产业发展实践等内容。土壤肥料产业技术法规的跟踪研究是科学施肥、废弃物资源化有效利用和提升地力等各项工作的技术基础，既拓宽了产业发展的国际视野，又为产业向种植业端整合提供前瞻性思路。中国农业科学院研究团队通过与联盟成员深入合作，进一步完善了肥料和土壤调理剂标准技术体系，并深入研究了我国土壤相关法规政策、废弃物管理和利用法规政策，同时跟踪研究和分析了世界先进农业国家的技术法规、养分管理制度以及农业技术等。

我国在肥料管理上尚无强制性法律法规，肥料和土壤调理剂标准技术体系的建立和逐步完善，为规范和引领肥料产业健康发展提供了技术支撑与保障。土壤作为重要的自然资源，其质量的好坏直接关乎生态环境和人类健康。近年来，国家越来越重视土壤污染的风险管理和控制，以《中华人民共和国土壤污染防治法》《土壤污染防治行动计划》等为核心的土壤环境管理政策体系初步建立。秸秆、畜禽粪污等重要的有机养分资源，在我国农业上应用已有悠久历史，为推进其资源化利用，国家相关部门在出台和发布的法律法规、政策中给出了相应的规定和指导。分析研究并构建土壤、肥料、废弃物相关法律法规和技术体系，不仅可为联盟开展产业实践指明方向，也为提升行业竞争力、提升农产品质量安全、加强农业资源高效利用等打下坚实基础。

联合国《2030 年可持续发展议程》、联合国粮农组织《可持续土壤管理自愿准则》《肥料可持续使用和管理国际行为规范》等均倡导可持续发展。欧盟农业产业竞争力与其严格的、系统的环境安全、食品安全管理法规之间有着密不可分的内在关系。以欧盟畜禽养殖废弃物风险控制、生态环境安全、食品安全及优质竞争力为例，分析养分资源与生态环境及食品安全的密切联系，以及欧盟农业补贴政策，对于提升我国农业产业竞争力、保护生态环境安全具有重要意义。

美国、日本、欧盟、澳大利亚等国家和地区农业现代化程度、管理和实施水平普遍较高，农业发展亦各具特色，十分值得学习和借鉴。通过对各国农业政策、发展模式、土地利用、肥料使用、种植技术、水肥管理、粪污及养分管理等方面的研究分析，同时结合当前我国农业发展情况，为构建现代生态循环农业模式提供科学理论支持。

一、我国土壤肥料技术法规研究

作为土壤肥料产业的科学技术的基础学科，土壤学和植物营养学与地质学、地理学、气候学、植物学、动物学、生态学等自然科学密不可分。因此，土壤肥料产业要在大农学、大生态、大体系中找准定位，使其在社会经济运行中科学发展。本节较为系统地总结了我国土壤肥料技术法规的现状及研究进展，重点对新型肥料和土壤调理剂标准研究、土壤资源和废弃物资源管理政策法规研究等进行了介绍，本书的附录中还列出了主要化肥、新型肥料和土壤调理剂、有机肥料、微生物肥料的标准及相关文件。

（一）新型肥料和土壤调理剂技术法规体系构建

自 1989 年我国施行肥料登记制度以来，在农业行政管理部门的领导下，根据大农业产业和科技的发展需要，围绕着行政审批、农业执法等工作要求，中国农业科学院牵头，联合省级土壤肥料管理部门以及中国植物营养与肥料学会、中国农学会、行业协会等组织机构，制修订了肥料和土壤调理剂的测定方法、产品及通用要求、安全评价、效果试验评价、包装和标签技术要求等体系标准，填补了我国肥料和土壤调理剂技术法规体系的空白，并逐渐健全和完善了以农业可持续发展为主导的土壤肥料产业技术标准体系。我国肥料和土壤调理剂标准化体系经过多年发展取得了显著的业绩，由注重生产环节标准向科学施肥标准化方面侧重，由注重基础标准向安全监督管理标准化方面侧重，由注重肥料标准向土壤调理剂标准化方面侧重等，对产业发展起到了重要作用。但是现有的标准体系仍需在农业产业、可持续发展方面，尤其是要注重在土壤肥料产业层面进一步提升和拓展。

目前，已颁布并实施了近 60 项行业标准（不含微生物肥料标准）。标准技术法规体系的建立，一方面构建了我国特色的肥料和土壤调理剂标准体系，为行政管理和市场监管提供了技术依据，另一方面为促进土壤肥料产业安全规范发展提供了技术保障。

2016—2019 年，中国农业科学院研究团队以土壤肥料产业发展为研究重点，得到了农业行业标准项目及新型肥料国家重点研发项目的支持，继续依托中国农学会、中国植物营养与肥料学会、行业协会等行业组织，联合联盟骨干力量，制修订完成了12项方法标准、4项产品通用标准、8项安全评价、试验效果评价和包装标识标准。

1. 方法标准体系

（1）概况。截至目前，共完成了水溶肥料中大量元素（氮、硝态氮、铵态氮、酰胺态氮、磷、钾）、中量元素（钙、镁、硫）、微量元素（铜、铁、锰、锌、硼、钼）、有机成分（腐殖酸、游离氨基酸、有机质、海藻酸、壳聚糖、聚天门冬氨酸、聚谷氨酸）、其他元素（氯、钠、硒、硅、钴、钛）以及水不溶物、pH值、密度、水分、粒度、细度等，以及土壤调理剂中大量元素（磷、钾）、中量元素（钙、镁）、其他元素（硅、铝、镍）、缓释肥料养分释放率、肥料增效剂［双氰胺、2-氯-6-三氯甲基吡啶、正丁基硫代磷酰三胺（NBPT）、正丙基硫代磷酰三胺（NPPT）、3,4-二甲基吡唑磷酸盐（DMPP）］、有害元素（汞、砷、镉、铅、铬、氟、三聚氰胺）等33个检测方法标准。

这些测定方法是肥料行业发展和规范管理的技术基础，基于国家级技术研究平台，除研究制定了以提高检验效率和精度的常规方法标准，还拓展了一些新的方法研究，如肥料中总氮含量的杜马斯燃烧法、不同形态氮（硝态氮、铵态氮、酰胺态氮）的鉴别测定、氯离子含量的自动电位滴定法等，开拓建立了水溶肥料中腐殖酸、氨基酸、海藻酸、壳聚糖、有机质分级等有机养分的测定方法，以及土壤调理剂中磷、钾、钙、镁含量的测定方法等。

（2）研究动态。2016—2019年，研究团队共制修订完成了12项方法标准，包括《水溶肥料　海藻酸含量的测定》（NY/T 3174—2017）、《水溶肥料 壳聚糖含量的测定》（NY/T 3175—2017）、《水溶肥料　聚谷氨酸含量的测定》（NY/T 3039—2016）、《水溶肥料　无机砷和有机砷含量的测定》（NY/T 3424—2019）、《水溶肥料　总铬、三价铬、六价铬含量的测定》（NY/T 3425—2019）、《肥料增效剂　2-氯-6-三氯甲基吡啶含量的测定》（NY/T 3037—2016）、《肥料增效剂　正丁基硫代磷酰三胺（NBPT）和正丙基硫代磷酰三胺（NPPT）含量的测定》（NY/T 3038—2016）、《肥料增效剂　3,4-二甲基吡唑磷酸盐（DMPP）含量的测定》（NY/T 3423—2019）、《缓释肥料　养分释放率的测定》（NY/T 3040—2016）、《土壤调理剂　铝、镍含量的测定》（NY/T 3035—2016）、《肥料和土壤调理剂　氟含量的测定》（NY/T 3422—2019）和《肥料和土壤调理剂　水分含量、粒度、细度的测定》（NY/T 3036—2016）等。

其中，海藻酸和壳聚糖的检测方法在青岛海大生物集团有限公司、青岛明月蓝海生物科技有限公司、加拿大阿卡迪安海藻有限公司和威海市世代海洋生物科技股份有限公司等联盟成员的大力支持下，标准研究小组攻克了方法难关，采用间羟联苯分光光度法作为水溶肥料海藻酸的测定方法，咔唑硫酸分光光度法为海藻提取物或质量自控推荐方法，采用高效液相色谱法、对二甲氨基苯甲醛分光光度法为水溶肥料壳聚糖的测定方法。两项标准方法具有较高的科学性和先进性，对以海藻和虾蟹壳为主要原料的水溶肥料市场规范、科学管理提供了技术依据，尤其是海藻酸含量的测定方法，可有效地将产品中腐殖酸、氨基酸等成分剔除，大大降低了干扰影响，提高了检验精度。

聚谷氨酸检测方法优选使用经典的氨基酸自动分析仪法，具有准确、可靠、重现性好、操作简单等优点，该标准的制定也将氨基酸类产品的检验和判定尺度进行有效统一。水溶肥料中不同形态砷、不同价态铬以及肥料和土壤调理剂中氟检测方法的确立，不仅填补了我国肥料质量检验的空白，也将为有机、绿色农产品生产提供更科学、完善的评价手段，有助于从源头对农业投入品进行质量、环境风险管控。

2-氯-6-三氯甲基吡啶、正丁基硫代磷酰三胺（NBPT）、正丙基硫代磷酰三胺（NPPT）以及3,4-二甲基吡唑磷酸盐（DMPP）等几项肥料增效剂检测标准的制定工作，在浙江奥复托化工有限公司等联盟成员，以及浙江今晖新材料股份有限公司、巴斯夫（中国）有限公司等国内外生产企业的大力支持下完成。目前我国肥料增效剂使用方兴未艾，行业规范性和产业竞争力亟待提高。方法标准的提出将成为肥料增效剂科学使用和监督管理的基础。

2. 产品及通用要求标准体系

（1）概况。自我国施行肥料登记制度至今，共建立了大量元素水溶肥料、中量元素水溶肥料、微量元素水溶肥料、尿素硝酸铵溶液、农业用改性硝酸铵、农业用硝酸铵钙、农林保水剂、含腐殖酸水溶肥料、含氨基酸水溶肥料、肥料增效剂　硝化抑制剂及使用规程、肥料增效剂　脲酶抑制剂及使用规程等11个产品（及使用规程）标准；针对有些产品（如土壤调理剂、缓释肥料）由于原料和（或）工艺比较复杂，无法制定统一的产品标准，建立了产品通用要求标准，主要包括原料要求、指标要求、限量要求、毒性试验、效果试验、试验方法、检验规则、标识以及包装、运输和贮存等内容，为规范该类产品提出了技术要求。产品及其通用要求标准体系的建立，充分体现了近三十年我国农业的快速发展不仅对尿素、磷铵、硫酸钾、氯化钾等大化肥的需求，而且对水溶肥料、土壤调理剂、缓释肥料、肥料增效剂等特种肥料的需求与日俱增，同时，对土壤培肥与改良发挥了重要作用，促进了水肥一体化的快速发展，在提高肥料利用率、降低环境风险等方面起着举足轻重的作用。

（2）研究动态。2016—2019 年，研究团队重点就缓释肥料、土壤调理剂和肥料增效剂标准化建设做了研究。《缓释肥料　登记要求》（NY 2267—2012）于 2012 年发布实施后，中国农业科学院农业资源与农业区划研究所、中国植物营养与肥料学会、中国农学会、土壤肥料产业联盟等又深入开展了产品跟踪和行业调研，总结了近年来国内外较为有影响力缓释肥料产品的管理经验和行业发展特点，修订形成了《缓释肥料　通用要求》（NY/T 2267—2016）。

土壤调理剂产品于最近几年发展迅速，产品登记数量不断增加，一些产业问题和矛盾逐渐凸显。比如，土壤调理剂原料复杂，尤其是一些以工、农业废弃物和矿石为原料的产品，可能含有较高的重金属、抗生素、钠离子等；部分生产企业缺乏完善的无害化处理工艺；与肥料相比，土壤调理剂的施用量较大且需要多次或多季施用，致使累计施用总量大。2016 年以前，国内一直未出台有关土壤调理剂的统一规范和技术要求。行业标准《土壤调理剂　通用要求》（NY/T 3034—2016）的制定，对产业问题起到良好的规范作用。

肥料增效剂因其在减少肥料损失、提高肥料利用率方面具有良好效果，近几年在我国农业应用中发展快速。但肥料增效剂只有科学而适量地使用才能达到预期效果，过量施用则会导致农田生态环境的负面影响。2019 年，联盟联合中国农业科学院农业资源与农业区划研究所、中国农学会、中国植物营养与肥料学会，在浙江奥复托化工有限公司、浙江今晖新材料股份有限公司等生产企业的支持下，制定完成了《肥料增效剂　硝化抑制剂及使用规程》（NY/T 3504—2019）和《肥料增效剂　脲酶抑制剂及使用规程》（NY/T 3505—2019）两项标准。这两项标准不仅提出了肥料增效剂的技术指标、试验方法、检验、标识、包装等要求，而且基于全国主要区域的田间试验、行业调研和国内外研究进展分析，同时结合国际养分管理 4R 原则，从适用范围、基本要求、使用量、使用方法等方面提出了肥料增效剂的使用规程。这不仅极大提升了标准实用性，对科学施肥具有重要意义，同时也契合现代农业发展需求。

3. 安全评价标准体系

（1）概况。截至目前，已经建立了肥料和土壤调理剂急性经口毒性试验及评价要求、水溶肥料汞、砷、镉、铅、铬的限量要求、肥料包膜材料使用风险控制准则、肥料着色材料使用风险控制准则4个安全评价标准。毒性试验评价要求和水溶肥料有害元素限量要求标准的建立与修订，符合我国生态文明建设和现代农业发展战略，符合国家对耕地质量提升、科学合理施肥的紧迫要求以及标准化改革的需要。为规范肥料和土壤调理剂安全评价，促进肥料和土壤调理剂行业安全健康发展提供技术依据。此外，标准研究团队还十分关注肥料添加剂的安全风险控制，致力于相关技术标准的研究及制定。

（2）研究动态。包膜材料、着色材料等作为肥料添加剂，其质量安全一直受到广泛关注，比如，包膜材料本身是否安全、养分释放后能否降解、降解产物对作物及土壤生态有无影响，偶氮类着色材料在特殊条件下可分解产生20多种致癌芳香胺，如果盲目选用将存在极大的安全风险等。因此，有必要对肥料添加剂进行安全风险控制，从源头上把控肥料安全。

基于当前国内有关肥料包膜、着色安全评价的技术标准尚属空白的现实，2016—2018年，中国农业科学院农业资源与农业区划研究所、中国农学会、中国植物营养与肥料学会会同中国氮肥工业协会、中国磷复肥工业协会及联盟企业，联合制定完成了《肥料　包膜材料使用风险控制准则》（NY/T 3502—2019）和《肥料　着色材料使用风险控制准则》（NY/T 3503—2019）两项农业行业标准，这两项标准分别规定了肥料包膜和着色要求，根据所使用材料的类型、安全性等规定了风险等级，分为零级风险、高级风险和控制风险，同时给出了相应的试验评价方法和风险评价程序。这两项标准的制定，将为我国包膜肥料和着色肥料的管理、安全使用提供技术依据，也有助于推动我国肥料添加剂安全评价技术体系进一步完善。

4. 效果试验评价标准体系

建立了肥料效果试验和评价通用要求、缓释肥料效果试验和评价要求、肥料增效剂效果试验和评价要求、土壤调理剂效果试验和评价要求等4个效果试验评价标准。效果试验评价标准体系的建立，为科学、合理评价肥料，尤其是特殊产品（土壤调理剂、缓释肥料和肥料增效剂）提供了技术依据，而且除了经济效益外，还增加了对环境效益的评价内容，为农业生产安全可持续发展提供了保障。

5. 包装和标签技术要求标准体系

建立了液体肥料包装技术要求、肥料和土壤调理剂标签及标明值判定要求等 2 个包装和标签技术要求标准。标签标准侧重于肥料的农业应用，规范科学施肥及市场行为的目的，第一规范肥料生产者标注标签内容，第二指导肥料使用者按照标签科学合理施用肥料，第三为管理部门监管和执法提供技术依据。

2018 年对标签标准进行了修订，新标准将范围扩大至肥料和土壤调理剂，内容上更加注重标签对于科学施肥的重要性，比如，增加了订单合同卖方应按买方需求提供商品清单的标签及质量证明书内容要求；突出标明值符合判定的可操作性和适用性。这些内容将为农化服务、互联网+、农业产业链协调发展提供重要的支撑。

6. 其他标准研究

近年来，我国畜牧业规模化养殖水平显著提高，但也带来了大量的养殖废弃物，其处理和利用方式目前大多以储存农用、生产有机肥等为主。畜禽粪污经合理发酵后固然是很好的养地资源，但由于一些畜牧生产企业为提高畜禽生产性能，大量使用抗生素等药物和其他添加剂，如将未经处理或处理不完全的粪污直接还田，则可能导致土壤土传病害、破坏微生物菌、重金属及抗生素残留等危害，进而对农产品质量安全带来很大风险。

2018 年，研究团队开展了畜禽粪污中抗生素的检测方法研究，从专业角度关注土壤健康。据报道，2013 年全国共使用抗生素 16. 2 万吨，其中一半以上用在养殖业。经人和动物代谢后，服用的抗生素中 50%～90%会通过排泄进入环境中，这些抗生素会通过不断累积，对耕地质量、农产品安全、人和动物健康等造成很大危害。鉴于此，标准研究团队正在尝试以新鲜或者经处理的猪粪、鸡粪、牛粪及羊粪为样品，选择磺胺类、四环素类和喹诺酮类中 34 种常用抗生素为分析目标，制定抗生素含量测定的方法标准，以期检测畜禽粪污中抗生素的含量和评价相关处理工艺的抗生素削减效果。

（二）土壤法规政策研究

土壤是经济社会可持续发展的物质基础，关系人民群众健康，关系美丽中国建设。土壤污染隐蔽性强，难迁移、难扩散、难稀释，且污染效应具有滞后性、累积性等特点，因此，土壤一旦被污染，不仅对环境危害性大，而且治理与修复难度也很大。目前我国基本建立了以法律法规、技术规范、质量标准为基础的土壤环境管理政策体系，并在逐步完善过程之中。

在《中华人民共和国土壤污染防治法》出台之前，《中华人民共和国环境保护法》《中华人民共和国土地管理法》《中华人民共和国农业法》《中华人民共和国水污染防治法》《中华人民共和国基本农田保护条例》等法律法规对土壤污染防治有一些较为分散的规定，未形成独立、完整的体系，也未涉及土壤污染防治的监管、修复以及相应的法律责任。另外，还有《中华人民共和国水土保持法》《中华人民共和国土地复垦条例》《中华人民共和国矿产资源法》《闲置土地处置办法》《中华人民共和国水法》《森林法》《中华人民共和国草原法》《中华人民共和国农药管理条例》《中华人民共和国防沙治沙法》等，与土地生态安全相关的法律法规。

1.《土壤污染防治法》

2018 年 8 月 31 日，第十三届全国人大常委会第五次会议通过了《中华人民共和国土壤污染防治法》，自 2019 年 1 月 1 日起施行。该法就土壤污染防治的基本原则、土壤污染防治基本制度、预防和保护、风险管控和修复、保障和监督、法律责任等重要内容做出了明确规定。土壤污染防治应当坚持预防为主、保护优先、分类管理、风险管控、污染担责、公众参与的原则。《土壤污染防治法》是我国首次制定土壤污染防治的专门法律，填补了我国污染防治立法的空白，完善了我国生态环境保护、污染防治的法律制度体系。

2.《土壤污染防治行动计划》

2016 年，国务院发布了《土壤污染防治行动计划》（以下简称“土十条”），从十个方面提出了达到目标的“硬任务”，是今后一段时期土壤环境保护的行动纲领。“土十条”坚持问题导向，以农用地和建设用地为重点，确定“预防为主、保护优先、风险管控”的土壤污染防控思路，以保障农产品质量和人居环境安全为出发点，对农用地和建设用地土壤环境风险管控和治理修复提出了具体要求。为实现“土十条”确定的重点目标任务，2017 年，环保部与各省级人民政府签订了目标责任书。2018 年 5 月，生态环境部等 13 个部委联合印发了《土壤污染防治行动计划实施情况评估考核规定（试行）》。

3. 其他相关管理办法

2017 年以来，生态环境部（原环保部）等相继出台《污染地块土壤环境管理办法（试行）》《农用地土壤环境管理办法（试行）》和《工矿用地土壤环境管理办法（试行）》，构成了覆盖人居环境、农用地和工矿企业的相对完整的土壤环境管理政策体系。其中，2017 年 11 月 1 日起施行的《农用地土壤环境管理办法（试行）》是环境保护部和农业部联合发布的。

该办法对各级环保和农业部门的监管责任进行了划分，明确了农用地土壤管理五项制度。

4. 技术指南

2014年环保部出台《工业场地环境调查评估与修复工作指南（试行）》，2017年出台《农用地土壤环境质量类别划分技术指南（试行）》《土壤污染治理与修复成效技术评估指南（试行）》《建设用地土壤环境调查评估技术指南》和《企业拆除活动污染防治技术规定（试行）》。这五个技术指南（规定）为土壤环境管理相关领域的有关工作开展提供了技术规范。

5. 标准体系

截至2019年11月底，我国土壤标准达199个，涉及国家标准、农业标准、林业标准、环境标准、认证认可标准、烟草标准和团体标准，其中农业行业标准数量最多，为54个，包括方法标准47个，技术规程标准5个，评价和通用标准均为1个；其次是林业行业标准和环境标准，分别占比26%和24%；新标准化法实施后，团体标准迅速发展，占比4%。土壤标准中等同/修改采用ISO标准16个，占比8%，其中土壤质量方面等同采用标准7个，土壤耕作机械和土壤微生物等同采用标准均为3个，其他等同、修改采用标准3个。

土壤标准主要分为方法、通用、技术规程、评价和安全等类别，其中方法标准占80%，基础标准重复的多，而评价和安全标准占比小，涉及生物学项目和土壤评价的标准少。

我国是《2030年可持续发展议程》（2030 Agenda for Sustainable Development）（UN，2016）全球可持续发展目标、《可持续土壤管理自愿准则》（Voluntary Guidelines for Sustainable Soil Management）（FAO，2017）的重要成员国。从近几年法规体系健全方面看，我国已经形成土壤资源可持续发展的基本法规构架，标准体系与之相配套，基础数据相对完整，但仍存在较大的发展需求。尤其是与一些发达国家的法规技术体系相比，如欧盟法规、国际标准、法国（2015）“千分之四全球土壤增碳计划”等，仍需要在耕地质量评估体系方面进行深入、系统的研究。

（三）废弃物管理和利用法规政策研究

1.《固体废物污染环境防治法》

2020年4月29日，《中华人民共和国固体废物污染环境防治法》已由中华人民共和国第十三届全国人民代表大会常务委员会第十七次会议第五次修订通过，自2020年9月1日起施行。法律明确健全固体废物污染环境防治长效机制，用最严格制度最严密法治保护生态环境，明确固体废物污染环境防治减量化、资源化和无害化的基本原则，明确目标责任制、信用记录、联防联控、全过程监控和信息化追溯等制度。国家推行生活垃圾分类制度，统筹城乡生活垃圾污染环境防治，健全秸秆、废弃农用薄膜、畜禽粪污等农业固体废物污染环境防治制度，明确污泥处理、实验室固体废物管理等基本要求。

2. 秸秆管理和利用法规及政策

20世纪80年代中期至90年代，我国各主要农区的秸秆处理主要以焚烧为主。针对秸秆焚烧的严峻形势，为推进秸秆综合利用，国家各相关部门在其出台和发布的法律法规和政策中对秸秆禁烧和综合利用做出了相应的规定和指导。

在我国现有法律体系中，对秸秆禁烧做出明文规定的法律主要有《中华人民共和国大气污染防治法》和《中华人民共和国固体废物污染环境防治法》，对秸秆综合利用做出明文规定的法律主要有《中华人民共和国农业法》《中华人民共和国土壤污染防治法》《中华人民共和国环境保护法》《中华人民共和国循环经济促进法》和《中华人民共和国大气污染防治法》。

在我国历次发布的国民经济和社会发展规划纲要中，有关秸秆利用的内容首次出现在第十一个五年规划纲要中。以此为开端，我国历次五年规划纲要都提出生物质能发展的要求，同时，还在“十一五”规划纲要中提出秸秆发电和秸秆循环利用的要求，在“十三五”规划纲要中提出秸秆禁烧的要求。

国务院政府每年发布的《政府工作报告》中，在1991年首次将推广秸秆还田写进政府工作报告，又分别于2016年和2017年连续2年将秸秆综合利用写进政府工作报告，并将“限制直接焚烧”作为2016年《政府工作报告》的决议要求。

自2004年以来，中共中央、国务院连续发布的中央1号文件中，除2011年、2012年和2016年外，其他13个年份的中央1号文件都从不同的角度出发，相继提出了内容各有侧重的秸秆利用要求。在2019年中央1号文件中，从发展生态循环农业的角度出发，提出要推进秸秆资源化利用。

《秸秆禁烧和综合利用管理办法》（环发〔1999〕98号）曾是我国唯一的以秸秆禁烧和/或综合利用为题的国家行政规章，其在《大气污染防治法》于2015年第二次修订后被明令废止，秸秆综合利用工作主要执行国家发改委、农业部和财政部等部门的相关规定。

1997 年以来，国家各部委（局）专题发布了近 30 个以秸秆综合利用和禁烧为专题内容的行政规范性文件。在早期发布的行政规范性文件中，有关秸秆综合利用的指导政策在很大程度上是顺应秸秆禁烧的要求而提出的。随着实践的发展，“疏堵结合，以疏为主”的秸秆禁烧和综合利用指导方针和“农业优先，多元利用”的秸秆综合利用指导原则得以确立，并提出了科技支撑与示范推广、政策扶持与市场运作、因地制宜与突出重点等方面的行政指导要求或原则。

2014 年来国家各部委（局）发布的有关秸秆资源化利用的指导性文件见表 2-1。

表 2-1　秸秆资源化利用政策文件汇总

秸秆资源化利用指导性文件	文件号
关于深入推进大气污染防治重点地区及粮棉主产区秸秆综合利用的通知	发改环资〔2014〕116 号
关于印发《秸秆综合利用技术目录（2014）》的通知	发改办环资〔2014〕2802 号
关于印发《京津冀及周边地区秸秆综合利用和禁烧工作方案（2014—2015 年）》通知	发改环资〔2014〕2231 号
关于做好 2014 年夏秋两季秸秆禁烧工作的通知	环办函〔2014〕612 号
关于进一步加快推进农作物秸秆综合利用和禁烧工作的通知	发改环资〔2015〕2651 号
关于开展农作物秸秆综合利用试点促进耕地质量提升工作的通知	农办财〔2016〕39 号
关于印发编制“十三五”秸秆综合利用实施方案的指导意见的通知	发改办环〔2016〕2504 号
关于推介发布秸秆“五料化”利用技术的通知	农科（能生）函〔2016〕第 213 号
关于印发《东北地区秸秆处理行动方案》的通知	农科教发〔2017〕9 号
关于推介发布秸秆农用十大模式的通知	农办科〔2017〕24 号
关于做好农作物秸秆资源台账建设工作的通知	农办科〔2019〕3 号
关于全面做好秸秆综合利用工作的通知	农办科〔2019〕20 号

3. 畜禽养殖废弃物资源化利用政策

党中央、国务院高度重视畜禽废弃物资源化利用工作。2016 年 12 月，习近平总书记主持召开中央财经领导小组第 14 次会议时指出，“加快推进畜禽养殖废弃物处理和资源化，关系 6 亿多农村居民生产生活环境，关系农村能源革命，关系能不能不断改善土壤肥力、治理好农业面源污染，是一件利国利民长远的大好事。”2017 年 6 月，国务院办公厅印发了《关于加快推进畜禽养殖废弃物资源化利用的意见》（国办发〔2017〕48 号，以下简称为《意见》），提出到 2020 年，建立科学规范、权责清晰、约束有力的畜禽养殖废弃物资源化利用制度，构建种养循环发展机制，全国畜禽粪污综合利用率达到 75%以上。国办《意见》是首次针对畜禽养殖废弃物资源化利用出台的指导性文件，对引领农牧业循环、绿色发展具有重要里程碑意义。

农业农村部、生态环境部、财政部等部委认真贯彻党中央、国务院决策部署，近几年在畜禽养殖废弃物资源化利用年度工作要点、配套设施建设、考核办法、污染监管等方面，连续出台相应的政策和规定，稳步推进粪污资源化利用工作。2017 年，农业部印发《畜禽粪污资源化利用行动方案（2017—2020 年）》，提出建立健全资源化利用制度、优化畜牧业区域布局、加快畜牧业转型升级、促进畜禽粪污资源化利用、提升种养结合水平、提高沼气和生物天然气利用效率等六大重点任务，并根据我国现阶段畜禽养殖现状和资源环境特点，因地制宜确定了粪污资源化利用 7 种主推技术模式。同年 8 月，国家发改委、农业部联合印发《全国畜禽粪污资源化利用整县推进项目工作方案（2018—2020 年）》，提出重点选择 200 个以上畜牧大县开展畜禽粪污处理和资源化利用设施建设，明确项目建成后，项目县畜禽粪污综合利用率达到 90% 以上，规模化养殖粪污处理设施装备配套率达到 100%，形成整县推进畜禽粪污资源化利用的良好格局，循序渐进推动全国农业废弃物综合利用目标的实现。2018 年，农业部印发《畜禽粪污土地承载力测算技术指南》，从粪污养分供给和土壤养分需求的角度提出了畜禽存栏量、作物产量、土地面积的换算方法，对粪污无害化处理后作为肥料还田利用给予重要指导。

2014 年来，党中央、国务院、农业农村部及其他各部委（局）发布的有关畜禽废弃物资源化利用的支持政策和指导性文件见表 2-2。

表 2-2　畜禽养殖废弃物资源化利用政策文件汇总

畜禽养殖废弃物资源化利用指导性文件	文件号
畜禽规模养殖污染防治条例	国务院令第 643 号（2014）
关于推进农业废弃物资源化利用试点的方案	农计发〔2016〕90 号
关于认真贯彻落实习近平总书记重要讲话精神加快推进畜禽粪污处理和资源化工作的通知	农牧发〔2017〕1 号
关于加快推进畜禽养殖废弃物资源化利用的意见	国办发〔2017〕48 号
关于做好畜禽粪污资源化利用项目实施工作的通知	农牧发〔2017〕10 号

（续表）

畜禽养殖废弃物资源化利用指导性文件	文件号
畜禽粪污资源化利用行动方案（2017—2020年）	农牧发〔2017〕11号
关于统筹做好畜牧业发展和畜禽粪污治理工作的通知	农办牧〔2017〕65号
全国畜禽粪污资源化利用整县推进项目工作方案（2018—2020年）	发改办农经〔2017〕1352号
关于印发《畜禽粪污土地承载力测算技术指南》的通知	农办牧〔2018〕1号
畜禽规模养殖场粪污资源化利用设施建设规范（试行）	农办牧〔2018〕2号
畜禽养殖废弃物资源化利用工作考核办法（试行）	农牧发〔2018〕4号
关于切实做好大型规模养殖场畜禽粪污资源化利用工作的通知	农牧发〔2018〕8号
关于做好2019年畜禽粪污资源化利用项目实施工作的通知	农牧发〔2019〕14号
关于印发畜禽养殖废弃物资源化利用2019年工作要点的通知	农办牧〔2019〕33号
关于进一步明确畜禽粪污还田利用要求强化养殖污染监管的通知	农办牧〔2020〕23号
关于做好2020年畜禽粪污资源化利用工作的通知	农办牧〔2020〕32号

二、国际技术法规动态跟踪研究

在大农业产业中，土壤肥料产业属于基础性、综合性、联动性、政策性相集成的环节，与自然资源条件、气候影响、社会经济状况密切相关。也就是说，土壤肥料产业不是单纯靠施肥技术、新型产品能解决的问题，我国现阶段的施肥种类、数量以及投入成本状况已显示出种植产业要解决系统性问题的必要性。因此，对国外先进农业法规的跟踪研究、学习交流十分重要。

（一）应对全球挑战联合国在行动

世界气象组织（WMO）数据显示，2018年全球平均温度比1981—2010年平均值高0.38℃，较工业化前（1850—1900年）平均高约1.0℃。2014—2018年是有完整气象观测记录以来最暖的年份。气候变化是世界所面临的挑战性问题。

2015年9月，193个联合国会员国历史性首脑会议通过了《2030年可持续发展议程》（2030 Agenda for Sustainable Development）（A/RES/70/1）及其17项可持续发展目标与土地退化零增长的愿景（2016年联合国大会第70届会议通过）。2015年粮农组织和政府间土壤技术小组发布的《世界土壤资源状况》（Status of the World's Soil Resources）（SWSR16）报告确认了为实现可持续发展目标必须应对的十大土壤威胁。土壤直接或间接地促进若干可持续发展目标，涉及饥饿、人类营养健康、清洁用水、气候变化和陆地生物。2016年联合国农业委员会第25届会议要求“加强地方层面的食品安全工作并就化肥和农药的安全使用加强对农户的技术支持”。2017年第三届联合国环境大会通过的关于防治土壤污染从而实现可持续发展的宣言，对农业生产不当使用肥料造成的土壤污染明确表示关切。2017年联合国粮农组织全球土壤伙伴关系（GSP）发布的《可持续土壤管理自愿准则》（Voluntary Guidelines for Sustainable Soil Management）明确应对十大威胁其中的两项威胁即是“养分失衡”和“土壤污染”，涉及施肥过量、不足或污染。

（二）FAO《肥料可持续使用和管理国际行为规范》

2017年11月，联合国粮食与农业组织（FAO）政府间土壤技术小组（ITPS）决议制定《肥料可持续使用和管理国际行为规范》（The International Code of Conduct for the Sustainable Use and Management of Fertilizers）（下称《肥料规范》）。

2018年4月，应FAO工作组邀请，中国农业科学院、中国农学会参与此项工作。5月，组织形成了首轮意见并予反馈。基于可持续农业中土壤肥力和养分管理的理念，结合中国具体国情，针对国际肥料法典的结构框架，提出了将土壤肥力作为基础优先的修改意见。同时还建议政府应建立奖励/补贴政策，即通过肥料投入和管理使土壤质量得到提升，土壤健康水平得到明显改善的土地使用者得到实惠。6月，FAO开通网上在线咨询/论坛，中国农业科学院、中国农学会、中国植物营养与肥料学会、中国绿色食品协会、土壤肥料产业联盟等联合在我国广泛征求意见。以期根据我国土壤养分管理、农业废弃物循环利用和科学施肥等现状及发展愿景，提出契合我国国情的方案及建议，为全球土壤健康和可持续发展提供依据和指导。7月，汇总意见并提交粮农组织农业委员会。

2019年6月，在联合国粮农组织大会第41届会议上，《肥料可持续使用和管理国际行为规范》正式通过审议。《肥料规范》的制定，旨在从农场、生态系统和国家层面上，协助各国解决与肥料负责任使用和管理有关的多种复杂问题；同时从全球性的视角，考虑对可持续发展目标的贡献，其中包括保障粮食生产系统可持续发展，消除饥饿和营养不良，促进粮食安全和营养，减少污染和提高食品安全。

（三）“4‰土壤增碳计划”框架下的《土壤有机和生物指标概述》

法国是土壤资源可持续利用的先导者之一，在推动欧盟、联合国可持续发展议程等方面起着积极的引领作用。2015年法国提出了“4‰土壤增碳计划”，对土壤生物多样性以及土壤碳储存潜力方面的研究是项目计划的重要组成部分。2017 年，法国农业与食品部组织国家科学家团队起草的《土壤有机和生物指标概述》，旨在明确和集成土壤有机质和生物状况的指标，梳理指标的测量或评估方法，同时阐述相应方法的原理、成熟度、优势、局限性、经济成本和发展前景。

该文件旨在形成一个普适的综合性体系，以土壤可持续发展为主要诉求，聚焦土壤有机状况和生物状况。该文件主要内容包括无机元素检测、有机检测、微生物指标、土壤动物指标、计算模型、数据库及一些社会观点和团队结论。文件还涉及了碳库的概念以及如何增加土壤碳和构建土壤碳库；如何在欧盟乃至全球的研究体系中积累土壤大数据；如何构建运算模型；以及如何以社会经济发展的眼光与农民和农业经营者协作等问题。

该文件具有极其广泛的适用性，来自物理、化学、生物学、农学等多层面的指标及其多维度综合运算，能帮助使用者认识和评价土壤并找到适用的操作方案，同时也有利于更准确地评估管理方式对土壤状况及其演变的影响。此外，文件对农民经验、有机投入的着重强调，对检测价格和操作频率的说明都十分值得思考和借鉴。

2018—2019 年，中国农业科学院研究团队及联盟秘书处对该文件进行了系统的研究，认为我国现行的有关土壤资源法律法规、技术标准、数据成果等已经奠定了国家利用和管理土壤资源的基础，未来应契合国际前沿发展动态，拓展研究和实践范围，使宝贵的耕地资源可持续焕发活力。

（四）欧美养分管理法规

欧美等发达国家政府高度重视养分管理，从环境法规到食品安全、经济效益再到风险控制，制定了一系列相关政策措施并产生了很好的效果。

1. 欧盟养分管理法规

（1）环境法规约束力。欧盟的环境约束力在 20 世纪 70 年代以后才逐渐体现。在此之前，各国均自行制定和实施环境保护政策，多数环境政策是以治理为主，即发现问题后再形成解决机制。随着经济的迅猛发展，环境胁迫压力不断加重，环境保护问题逐渐成为欧盟的一项重要工作。经过几十年的发展，欧盟的环境保护经历了从各成员国自行规制到共同体法律行动、从污染控制为主到生态环境保护、从事后治理到事先预防、从国家到区域的整体性行动的过程。环境政策法律文件依据所规范的要素不同，涉及水、大气、噪音、废弃物、危险化学品、核安全、生物和自然遗产等领域。截至 2015 年，欧盟共实施了 7 个环境行动规划，达到 500 多个指令、条例和决定，已经成为世界上较全面的一套现代环境标准。

（2）养分管理与污染控制。欧盟养分管理以限制性措施为主，并通过制定一系列环境政策促使成员国提升环境质量。欧盟的养分管理政策主要分共同农业政策和环境政策两类，前者是欧盟农业发展的基本纲要，后者主要作为共同农业政策中环境保护的辅助政策。欧盟环境法规中，与养分管理相关的包括综合水质管理、空气质量政策、海洋管理策略等。欧盟水框架指令（Water Framework Directive 2000/60/EC）是作为综合管理框架执行的。此外，还有三部与水、土壤有关的法规，一是硝酸盐指令（Nitrates Directive 91/676/EEC），限定了氮的排放值，明确规定有机肥年投入氮不能超过170千克/公顷；二是控制危险物质排放指令（Directive 76/464/EEC，Water Pollution by Discharges of Certain Dangerous Substances），限定了各种危险元素的排放值，涵盖了农业与工业等领域；三是新地下水指令（The New Groundwater Directive 2006/118/EC），对向土壤中排放的物质进一步做出限定，规定了地下水中化学物质的最大值，这对于减少农业生产中氮、磷的施用，防止氮、磷的淋洗发挥了重要的作用。与空气质量相关的法规有两项，一是空气质量指令（Air Quality 1st Daughter Directive 99/30/EC）；二是国家空气污染排放限值指令（National Emissions Ceilings Directive 2001/81/EC）。与海洋水域相关的有海洋战略框架指令（Marine Strategy Framework Directive 2008/56/EC）。

（3）畜禽粪肥资源利用。欧盟法规中有诸多直接涉及畜禽粪肥治理及再利用的，大多属于环境政策的范畴。此外，还有来自生产管理方法的制约，而来自食品安全范畴的制约多是基于源头控制，在种植和养殖过程中，以标准的形式，间接对畜禽粪肥治理进行约束。

欧盟对畜禽粪肥的管理理念有三个重要核心点，即环境安全、食品安全、经济效益。依据这些需求，欧盟制定了一系列法规，包括指令、条例、决定等。指令具有相对灵活性，各国政府可以依据自身特点，制定各自的法律、政策、方法以达到指令的要求，同时欧盟指令也会对某些特定的国家做出特殊的要求。而欧盟法规中的条例、决定，针对自然人及组织有着直接的约束力。近年来，随着社会经济不断发展，欧盟法规、欧盟成员国法规、国际法规正迅速地呈现出趋同态势。

此外，欧盟还提出了诸多的管理方法。管理方法多以危害分析和临界控制点（Hazard Analysis and Critical Control Point，HACCP）为工作原则，以保障环境、食品、经济安全为基本诉求。不仅涉及农业生产资料、作物、食品的生产、加工、包装、运输等各个环节，如良好操作规范（Good Manufacturing Practice，GMP）、良好农业规范（Good Agricultural Practices，GAP）、良好卫生规范（Good Hygiene Practice，GHP）、良好兽医规范（Good Veterinarian Practice，GVP）及良好分销规范（Good Distribution Practice，GDP），还涉及畜禽粪肥资源的再生与还田利用。值得一提的是，在经济层面上，为保障大农业产业链的正常运行，欧盟对内实行共同农业政策，即高额经济补贴政策，对外树立技术壁垒，抵抗美国以及第三世界国家的低价输出。

（4）畜禽粪肥风险控制。欧盟畜禽粪肥中的重金属和抗生素控制多被体现在欧盟食品安全法规体系的范畴。

欧洲食品安全法规体系包括欧洲食品安全白皮书（EU White Paper on Food Safety）、与国际食品法典委员会（Codex Alimentarius Commission，CAC）《食品法典》统一化的欧盟食品技术标准（Food Technical Standard）、欧盟基于食品安全出台的系列法规、欧盟良好农业操作规范、“从农田到餐桌”的全程监控制度、可追溯制度、食品与饲料快速预警系统（Rapid Alert System for Food and Feed，RASFF）、食品或饲料从业者承担责任制度等。以上诸多法规，需欧盟的种植业者、养殖业者、加工业者以及农资提供者共同遵守和执行，抗生素和超量重金属等危害人体的污染物，在源头上得到了根本的控制。

2. 美国养分管理法规

（1）环境法规约束力。美国从水污染、大气污染等方面建立环境约束力法规体系。1948 年出台了第一部控制水污染的《联邦水污染控制法案》，明确限制了集约化畜禽养殖体系的废弃物排放，控制农业生产中由于养分管理不合理导致的环境污染。同年颁布了《清洁水法案》，1970 年颁布了《清洁空气法案》，两部法案分别从水污染与大气污染的角度对农业生产中的养分使用情况进行了规定。各州也制定了相应的管理法案。如明尼苏达州于 1989 年颁布了《明尼苏达地下水保护法》，该法案结合《明尼苏达地下水保护战略》和《农药和营养素科学使用战略》两大战略，提出了确定地下水脆弱区的概念，并对脆弱区划分的指标进行了限定；同时开始对地下水质进行监测，建立了地下水的健康风险指数、污染监测与管理评价等方法。

（2）养分管理与污染控制。美国通过环境法案以及养分管理法案，实现环境治理和养分管理相融合。1948 年在制定控制水污染法案时，首次提出了“养分管理”的概念。1999 年，环保署提出《综合养分管理计划》以保护水质健康，减少富营养化。该计划不仅对养殖过程中的养分流失进行监测和控制，也要求农业生产者在施肥前要有明确的计划，如登记作物种类、实际产量和目标产量，预计的养分施用量、施肥设备和方法等。同时，还提出了最佳管理措施（Best Management Practices，BMP），该措施以促进养分最大利用和减少损失为目标，保护土壤和改善水质。最佳养分管理措施是一项经济激励而非限制性环保措施，充分激发农户参与环保政策的积极性，有效控制化肥的用量，并降低了环境压力。

3. 养分管理的启示与成果

通过分析发达国家养分管理政策措施可知其养分管理政策是在国家、流域、区域不同尺度上，以立法为基础，以经济手段为主体，同时辅以教育、研究、推广等措施，重点调控农田和畜牧业生产各个环节的养分流动和循环过程，实现农业的高产、高效、可持续发展。欧洲从 20 世纪中叶至今的发展历程给我们的启示是——源头治理、过程控制、优化还田是推动可持续发展的系统解决方案。这些经验和启示是我国制定养分管理政策、制度及相关技术规范的重要参考。

2017 年，农业部团组出访瑞典、丹麦、法国，重点考察了三国在畜禽粪肥资源利用及养分管理方面的经验。在此基础上，中国农业科学院研究团队及联盟秘书处对欧洲畜禽粪肥处理模式及相关法规进行了系统的学习、研究和梳理。同时，还对其他先进国家和地区农牧业系统中的养分管理法规、畜禽粪污处理及还田利用、土壤养分循环等内容进行了梳理，以政策法规角度对我国现有的养分管理相关农业和环境政策进行研究和分析，旨在借鉴欧洲先进的养分管理经验，研究建立适合我国不同类型农用土壤的作物养分管理方案。

作为研究成果，联盟秘书处编译了瑞典《肥料和石灰施用建议》。瑞典是北欧五国中国土面积最大的国家，农业现代化水平和农业劳动生产率都居于世界前列。瑞典农业委员会每年会发布《肥料和石灰施用建议》（下称“建议”），目的是以保护生态环境为前提，为实现经济上最佳的肥料和石灰施用量提供依据。“建议”包括一般施肥原则、不同类型的肥料介绍、不同肥料及石灰对于不同作物的施用策略等内容。“建议”中强调了优先考虑土壤条件，根据作物需求调整养分供给量，营养平衡可以在许多层次上完成，包括充分考虑饲料、动物、有机肥、矿物肥料、豆科植物的固氮作用等，通过计算投入和废弃的植物营养素之间的差异来计算营养平衡。因此，“建议”是一本既注重当地生态环境和经济效益，又强调资源循环利用及养分管理的实用性技术手册。

三、国外先进农业产业发展研究

对发达国家先进农业产业发展概况的研究和学习，是土壤肥料产业技术体系建设的重要内容。深入挖掘其农业发展的历史、现状、特点、政策法规、产业技术服务等与土壤肥料产业的关系，以期为我国现代农业发展提供积极而有效的借鉴，为土壤肥料产业实践提供经验与启示。本节介绍的国家有日本、法国、瑞典、丹麦、荷兰、英国、美国和澳大利亚。

（一）日本

日本地形以山地丘陵为主，占国土面积的75%。平原面积狭小，仅占国土的12%。65%的国土是山地，土壤贫瘠，主要为黑土（火山灰）、泥炭土以及泛碱土，大部分冲积土已开垦为水田，形成特殊的水田土壤。主要作物类型有水稻、麦类、马铃薯等粮食作物，白萝卜、卷心菜等蔬菜作物，以及柑橘、西瓜、甜瓜、苹果、梨等水果作物。主要畜禽有奶牛、肉牛、蛋鸡、肉鸡以及生猪等。

日本农业的最大特点是人多地少、土地分散、小规模经营。根据这一国情，日本在农业发展上选择改良品种和改良土壤在先，机械化在后的道路，即以“土地改良—化学化—良种化—机械化”为路径的“一改三化”。

日本最初的有机农业是从土地整治和改良开始的。在日本农业的发展过程中，也曾经因为农药、化肥的过量施用，造成土壤的板结、酸化、盐渍化、水资源污染等问题。意识到“化学农业”弊端之后，日本开始进行了大规模的土地整治和改良。日本农地改良成效十分显著，截至2015年，日本全国共建立了4 710所土地改良区，共新造农地110万公顷，约占总耕地面积的1/4，有效弥补了耕地的非农占用。尽管受工业化、城镇化影响，日本的耕地面积总体不断下降，但耕地质量和农业综合生产能力明显提高。

目前，日本的环境保全型农业主要包括3种类型。一是减化肥、减农药型农业。通过减少化肥和农药的使用次数和使用量，从而减轻对环境的污染以及食品中有毒物质含量。二是废弃物再生利用型农业，主要是建立畜禽粪污的再生利用体系，通过对有机资源和废弃物的再生利用，从而减轻环境负荷，预防水体、土壤，以及空气等环境污染，促进循环型农业发展。例如，将畜禽粪污经堆放发酵后，作为肥料就地还田使用，将污水经处理后得到的再生水用于农业灌溉等。三是有机农业型。在生产中不采用通过基因工程获得的生物及其产物，不使用化学合成的农药、化肥、生长调节剂、饲料添加剂等物质，而是遵循自然规律和生态学原理，协调种植业和养殖业的平衡，采用一系列可持续发展的农业技术，维持农业生产过程的持续稳定。例如，农户通过选用抗性作物品种，利用秸秆还田、施用绿肥和动物粪便等措施培肥土壤，保持养分循环；同时，采取物理和生物的措施防治病虫草害；采用合理的耕种措施保护环境，防止水土流失，保持生产体系及周围环境的生物多样性。

基于有机农业技术自身的特点，日本积极开发与推广有机农业的相关技术，见表2-3。

表2-3　日本环境保全型农业技术体系

类　别	技　术	主　要　内　容
土壤改良	堆肥等有机物质使用技术	通过杂草、秸秆、家禽粪便、农作物残渣、污泥等有机物质堆肥还田，减少污染和化肥使用
	绿肥作物使用技术	在农地上种植绿肥作物，并将其翻耕入土壤，改善土壤性能的同时替代化肥
化肥减量	局部施肥技术	使用侧条施肥、深层施肥等技术，以基肥、追肥方式分段或集中施肥
	肥效调节型肥料使用技术	提高肥料制作的技术含量（如采用颗粒覆膜、掺抑氧剂等），使肥料施肥后养分能缓慢释放，从而减少浪费
	有机质肥料使用技术	利用动植物的骨粉、油渣等制作肥料替代化肥，发挥其释放缓慢、养分不易流失的优势
农药减量	培土技术	采用培土措施，激发土壤的各种潜在的机能，发挥对土壤病原菌的拮抗作用和净化作用等，减少作物病虫害产生的机会
	多孔地表覆盖栽培技术	播种时将特制的给作物生长预留孔洞的纸质膜或农膜覆盖于农地，减少农药施用
	覆盖栽培技术	采用无纺布或农膜覆盖作物，使作物与害虫隔离，减少杀虫剂的使用
	机械除草技术	使用农业机械除杂草，降低除草剂使用次数与使用量
	动物除草技术	在水田中放饲鸭子、鲤鱼，用动物除杂草，降低除草剂使用次数与使用量
	生物农药使用技术	利用捕食害虫或寄生的生物替代杀虫剂，降低杀虫剂使用次数与使用量
	对抗性植物使用技术	采用轮作方式，适当种植对土壤中线虫类虫害有抑制作用的植物，以减少杀虫剂使用次数
	物理防治技术	采用防虫网、诱虫灯、太阳热能消毒等技术，减少农药施用

此外，为了促进经济、社会与环境之间的协调发展，日本制定和实施了一系列农业环境保护政策和法规，对农业可持续发展起到了积极的作用。通

过立法把农业环境保护政策和措施法制化，以立法的形式推进农业环保政策和措施，使农业环保政策和措施具有延续性，完善农业环境保护法规体系，依法治理农业环境污染，同时加大执法力度，使有关法律得以贯彻执行。

（二）法国

法国农业生产值占欧盟农业总产值的22%，农产品出口长期位居欧洲前列。法国农产品70%出口到其他欧盟国家，酒类出口占世界出口的一半。法国农业加工业十分发达，出口产品普遍具有较高附加值。

以下重点介绍法国的农业生态管理经验，内容包括农业区划、畜禽粪污管理及其法规体系建设等。

1. 合理区划分工协作

法国的农业区划已形成北部粮食、奶制品和牛肉，西部家禽和生猪，南部葡萄、酒、蔬菜、橄榄油的格局。1/4的法国人生活在占国土一半以上的乡村地区。从国家到大区到城市、乡村，所有的种植、养殖区域布局，以适应环境为原则，经过了长期的调整和规划，工农业态的比例不断接近最优。

尽管拥有十分发达的农业科技，法国中部以及东南部的混合农业区域，大部分农场在辅助性使用化肥的同时，仍采用堆肥的方式对畜禽粪肥进行农业再利用，进行轮作和休耕，并定期向欧盟和法国的管理机构提交生产笔记。由于产业结构复杂、物产种类丰富、农场分散且具有较强的个体意识，法国的农业管理者始终在追求技术投入与利润之间的平衡点，如果利润与投入的平衡没有达到最优，则退一步保持传统的农业生产方式。对于农业区规划来说，要适应环境又适应生产和市场，核心的理念是在现有的资源条件和经济实力下，做到最良性的运转。

农业本身是一个循环，实现农业的可持续发展需要实现农业环形产业链的良性运转。法国复杂的农业产业链的每一个环节都在关注其他环节的运作，种植管理、牲畜饲料、养殖场、食品加工、环保部门等相互协作，在协作过程中，土壤、水、养分、能源在分层循环利用的过程中以可持续的方式达到了价值最大化，其经济效益与环境效益被不断调整成最优化的状态。

2. 养殖废弃物管理

以养猪业为例，养猪业是法国畜牧业的重要组成部分，在多种综合条件的制约下，法国养殖业者理性地寻找有限资源条件下的最优操作模式。为了保障土壤与水体不受污染，法国对单位土地面积上的牲畜数量进行了限定，同时，在农机研究方面以降低成本和方便实用为主要方向。西部及西北部沿海为法国的重要乳畜业发展区域，多种规模的养殖场并存，由于养殖量过大，超量的氮被制成肥料后外运。

常见粪肥处理技术有干湿分离、堆肥、沼气和化粪池。这些技术可以单独使用，也可以组合使用。法国养殖场多数采用粪肥先干湿分离，然后再生物处理的方式，少数通过建造大型沼气池发酵粪便生产沼气发电利用。法国畜禽粪肥干湿分离技术分为：用格网、栏条或者平台、板进行干湿分离，干湿分离机分离，用筛子震动分离，滚压机分离，还有针对氮和磷过量的分离技术。

法国的养猪场规模多样，地域规划比较集中，许多小型的猪场得以将自己无法处理掉的粪便送到有粪肥处理能力的猪场或站点去进行处理。根据粪肥状态，养殖者需要付费，或者得到高低不等的收益。尽管法国已经有足够高的技术，将废水过滤处理到饮用水标准，但是，经济条件上来讲这并不是好的选择，生物脱氮技术产生的农田用水已经足以达到欧盟的标准。制作浓缩肥料也能产生价值，然而浓缩肥料制作成本高昂，且整个园区需要能源供给，因此需要在有限的条件下合理规划。当前，我国畜禽粪肥处理和利用比例不高，这种观点与实践对我国做好工作同样有重要的借鉴意义。

3. 追求安全、可持续、共同发展的法规体系

法国的农业管理法规以安全、可持续、共同发展为导向，具有复杂、完善、灵活等特性，其中包含有国际法规、欧盟法规、法国国家法规以及地方法规，这些法规围绕：环境安全、经济安全、食品安全等重要目标，设置预警和保险系统进行风险控制，在生产环节遵循养分管理的思路。法国各地主要在以下法规的基础上制定各自的农业管理政策。

——国际标准及法规：国际食品法典、ISO22000、ISO9000 等。

——欧盟标准及法规：EUROPGAP、BRC、QC、RASSF、食品安全白皮书、欧洲环境法、基本食品法、食品卫生条例、污染综合防治指令、硝酸盐指令等。

——法国国家标准及法规：公共健康食品卫生法（1905）、消费法（1993）、农村法（2010）、公共健康监督与产品健康性控制法（1998）等。

（三）瑞典

瑞典位于北欧，农业用地面积为 310 万公顷（约占国土面积的 7%），其中，耕地 85%，放牧用地 15%，90%以上的耕地位于南部。瑞典农业总产值占 GDP 总值的 0.4%，其中畜牧业占农业总产值的 80%。粮食、肉类、蛋和奶制品自给有余，蔬菜、水果主要靠进口，农产品自给率达 80%以上。

瑞典倡导生态农业，1995 年成为欧盟成员国后，其部分环保政策和法规已被用作共同农业政策（Common Agricultural Policy，CAP）的样板。欧盟以及瑞典政府通过各种补贴制度、优惠政策，利用资金杠杆鼓励环境友好的农业操作方式。1999 年，瑞典《农业环保法》出台，该法对农药、肥料、水等的使用进行了规定，明确了“污染者补偿原则”、节省原材料和能源的“生态环境原则”。2012 年，欧盟进一步完善补贴的分离政策，92%的直接补贴与产量及种植面积脱钩，促使农场主进一步考虑到与环境的互动。

在生态农业持续推进的背景下，瑞典成为欧盟成员国中畜禽健康和养分管理的先行者，以下对其在畜禽粪污和养分管理方面进行介绍。

1. 畜禽粪污管理

瑞典自 1980 年起，通过立法对畜禽粪肥的贮存和施用进行管理，并于 1995 年加入欧盟开始执行欧盟《硝酸盐指令》（91/676/EEC）。瑞典法律要求，农场的粪便储存空间要足够大，至少需要满足 6 个月的存储要求，且存储设施必须进行防渗处理，严防粪便下渗污染土壤及地下水，并加盖除臭，保护大气。自 2002 年起，要求畜禽粪污还田时，每年每公顷土地上含氮量不能超过 170 千克，或含磷量不能超过 22 千克；并规定每年自 9 月至次年 2 月，不允许进行粪便还田。

瑞典法律对还田的要求做了更加详细的规定，如下雨或土地有积水的情况下不能进行粪便还田，靠近河流、水道 2 米范围内的土地不能进行粪便还田，靠近湖泊、河流等水体的土地，如果土地坡度超过 10%则不能进行粪便还田等。其主要目的在于防止粪污营养流失造成自然水体污染（图 2-1）。

图 2-1　瑞典粪肥收纳沼液池（2017）

（资料来源：瑞典农业委员会 SBA）

2. 养分管理——零富营养化行动

瑞典法律规定，在瑞典南部的 Halland，Skåne 和 Blekinge 地区，秋季和冬季 60%的耕地需要被绿色植被覆盖，而在南部的其余地区，绿色覆盖率要求是 50%，其目的是充分利用土壤中留存的氮、磷元素，防止营养流失，造成污染（图 2–2）。

图 2–2　瑞典监测作物覆盖调整氮肥用量遥感图（2016）

（资料来源：瑞典农业委员会 SBA）

2001 年，瑞典开始在南部实施养分管理计划，其理念核心是“减少损失”，即节省材料、能源，最大限度地回收再利用养分，以达到减少对空气、水、土地等污染的目的。行动计划的实施由多方合作完成，包括瑞典农业委员会、农场主联盟、县级管理委员会和私人咨询公司。为了提高农场主的养分管理意识，让他们积极地参与到国家的零富营养化行动当中，国家提供了免费的个人咨询和农场教育。

参与零富营养化行动的农场，由指导方与农场主合作定制养分平衡施肥方案。涉及的主要环节包括：耕种前借助国家提供的土壤参数及土壤测绘工具对土壤的总氮和总磷进行预测；根据土壤状况，参考国家提供的施肥手册和控制指南及环境相关法规（SJVFS 2004：62）中相关作物的种植管理推荐方案；最后指导方结合全年的气候、水源、种植情况给出进一步的具有针对性的评估和建议。时至今日，该行动计划已覆盖近 100 万公顷的土地。在农民自愿参与的前提下，农业向环境排放的养分逐年减少，近 10 年来进入河流等自然水体中的氮元素减少了 20%~30%（图 2-3）。

图 2-3　瑞典实行养分管理计划 10 年前后的变化

（四）丹麦

丹麦是传统的农业国家，也是世界上畜牧养殖业最发达的国家之一，养殖及粪污处理利用技术法规健全，配套的设施设备已实现全产业化。丹麦在农牧结合、种养平衡方面集聚了十分丰富的理论和实践经验，源于从基础理念上将动物粪尿从废弃物变为有价值的肥料，并兼顾种养全程中养分损失最小化和经济效益最大化为根本出发点，在畜禽舍粪水收储运、场区粪浆贮存、田间施肥方式等重要环节配套一系列的疏堵措施，并逐步上升到可操作立法层面贯彻且逐年严苛，同时辅以市场化运作的农业技术咨询与职业教育双轨体系，为政策和技术落地保驾护航。

在丹麦，农业食品局每年向农民发布指导方针，包括所有单个作物的氮肥施用标准（总共超过 250 种不同标准），不同牲畜粪便类型中标准氮和磷含量以及所需的最低氮效率。根据汇编的信息，计算各农作季节内农场可能使用的最大允许氮和磷总量。由于作物收获后氮的残留量不同，个别标准在前一作物的残留效应方面有所区别。

根据植物中氮素吸收量和作物氮素供应量之间的平衡原则，根据土壤中植物有效氮的实际数量调整农场氮定额，称为“氮的预测”。SEGES（丹麦农业咨询服务）、农业知识中心和丹麦猪研究中心与奥胡斯大学合作，基于年度温度变化、冬季降水范围等方面，提供了在相应年份的具体地理区域内调整是否为正值的结果。因此，总体氮标准配额主要取决于具体作物，还取决于土壤类型、前茬作物、气候条件、降水量和灌溉量。畜禽粪污、化肥和其他肥料的使用量不得超过农场标准氮配额。

丹麦“和谐原则”以间接的方式调节了磷的应用；通过设定田间施用的粪肥量的限制，磷的使用也通过牧场中的粪便使用氮限量进行限制。由于各种牲畜类型的 N/P 比率不同，间接磷限制水平也相应变化。根据 2015 年 12 月的粮食和农业政治协议，2017 年丹麦推出了一项关于限磷的修订法规。

根据地理位置（和牲畜粪便类型），在丹麦实行限磷要求，即限磷的一般要求至少覆盖耕地面积的 76%，而更严格限磷要求应覆盖耕地面积的 24%。修订后的限磷法规涉及所有类型的肥料，包括有机肥料（肥料、沼气消化物、脱气植物生物质、污水处理污泥等）和工业/矿物肥料。表 2-4 列出了不同养殖场和肥料施用的限磷指标，包括 2015 年修订前的指标以及适用于 2017—2022 年要求在全境范围内应达到的覆盖面积比例。

表 2-4　丹麦修订的限磷法规中适用于 2017—2022 年的磷限量要求

P（kg/hm^2）[1]	2015	2017—2020[2]		2020—2022	
占总耕地面积		一般（76%）	严格（24%）	一般（76%）	严格（24%）
家禽	55	43	30	35[3]	30
貂	43	43	30	35[3]	30
屠宰猪	34	39	30	35	30
母猪和仔猪	37	35	30	35	30
黄牛	27	30	30	30	30
减肥农场	36	35	35	35	35
有机废物	30	30	30	30	30
工业肥料	没有限制	30	30	30	30

注：1. 某些特殊生产系统的分配机会，如温室等封闭系统。2. 从 2018 年严格规定上限。3. 貂和家禽的上限从 2019 年开始实施。

（资料来源：丹麦环境食品部）

大多数农场每 3 到 5 年进行一次磷测试，以获得田间土壤磷状况（估计为磷数）。如果农场土壤水平的磷平均值低于 4.0（面积加权平均），农场土壤水平的磷上限可按照表 2-5 所示的逐步模型提高。根据具体的测量结果，可以区分从粪肥中最大限度地施用磷。

表 2-5 丹麦农场土壤平均含磷量与施磷上限

土壤中的磷状态（*P* 值）	施入磷（kg/hm²）
$P \geq 4.00$	+0
$3.50 \leq P < 4.00$	+1
$3.00 \leq P < 3.50$	+2
$2.75 \leq P < 3.00$	+4
$2.50 \leq P < 2.75$	+6
$2.25 \leq P < 2.50$	+8
$2.00 \leq P < 2.25$	+10
$1.75 \leq P < 2.00$	+12
$P < 1.75$	+14

（资料来源：丹麦环境食品部）

根据丹麦政府的规定，如果在砂质黏土上种植冬小麦，而前轮种植的也是冬小麦，每公顷允许施放的氮肥上限为 195 千克，磷肥和钾肥推荐量为 26 千克和 65 千克；如果前轮种植的是豌豆，则每公顷氮肥的施放量上限为 165 千克，磷肥和钾肥推荐量同样为 26 千克和 65 千克；如果前轮种植的是玉米，则每公顷氮肥施放量上限为 175 千克，磷肥和钾肥推荐量为 53 千克和 160 千克。如果种植的是牧草，在其一年的生长期中，每公顷氮肥施放量上限为 160 千克，磷肥和钾肥推荐量为 25 千克和 120 千克。当然，如果预期作物的产量可以提高，施肥量也可适当增加。比如，冬小麦的产量一般为 7.5 吨/公顷，如果能在此基础上增产 1 吨，氮肥允许多用 12~13 千克。而春季谷物，如果每公顷能增产 1 吨，氮肥则允许多用 10 千克。为了降低土壤中氮肥的积聚和渗透，丹麦还规定，在冬季，农地不能完全荒弃，农场主至少要种植 65%的农地，吸收积聚在田地里的余肥。

丹麦的农田通过粪肥还田和科学的轮作制度，提高了土壤质量，具备了进行有机农业的生产条件，基于欧盟的有机农业补贴政策，现在丹麦有 25%~30%农产品为有机农产品。

（五）荷兰

荷兰位于欧洲西偏北部，是著名的亚欧大陆桥的欧洲始发点。全国约有 1/4 的国土面积低于平均海平面，是世界有名的“低洼之国”。国土总面积 419 万公顷，人口 1 723 万（2018 年），与德国、比利时接壤，欧盟成员国之一。20 世纪 40 年代之后，荷兰由农产品进口国成为出口国，1989 年后其净出口值稳占世界第三，仅次于美国和法国。该国的围海造田、设施农业、园艺花卉等在全世界享有盛誉，其种业、乳畜业、食品加工业在欧盟农业分工中占据极其重要的位置。因其完备 OVO 知识创新体系，荷兰被认为是世界上最具竞争力的经济体之一。

以下重点介绍荷兰的农业生态管理经验，内容包括设施农业、畜禽粪污管理以及土壤污染修复等。

1. 有限的土地资源最大的经济效益

荷兰温室面积占世界温室总面积的 1/4 以上，其温室园艺生产技术水平和温室土地利用率堪称世界第一，工业化生产技术是荷兰温室农业最重要的特征。

荷兰温室主要类型为传统的 VENLO 型和大跨度的连栋型。1978 年已设计建立温室标准，其经济寿命约为 15 年。一般传统的 VENLO 型温室在荷兰约占 85%。

荷兰的设施园艺产业技术先进，自动灌溉施肥技术比较成熟。水肥一体化灌溉施肥在荷兰的温室生产中应用普遍，一般采用的是 A、B 箱式结构。该箱式结构分别由装有大量元素的母液 A 罐、微量元素的母液 B 罐以及用于酸碱中和的酸液罐 Z 和碱液 L 组成。电子传感器控制系统会根据作物生长的需求来自动调节营养液电导率和酸碱度浓度，从而实现精确灌溉施肥的目的。

此外，设施大棚里还有 CO_2 施肥系统（荷兰普遍采用天然气燃烧法制备）以提升作物光合作用、温度调节系统和补光系统。

2. 畜牧区的土壤养分管理及粪污处理政策

荷兰在清洁生产技术政策、循环农业发展模式、污染防治管理政策等方面都形成了先进的理念和经验，可为我国提供重要借鉴。

荷兰畜牧业分放牧型和圈养型两种，畜牧业占农业产值的 40% 左右，畜牧业粪污产量约为 6 860 万吨/年，其畜禽养殖污染防治政策覆盖了动物生产、物质流通、治污设施、施肥控制等各个环节。

根据欧盟硝酸盐指令和欧盟硝酸盐上限，荷兰对粪污生产，氮、磷、有机肥的使用，粪肥的运输和排放等进行了规定。重点包括 4 个方面，一是饲料配比精准化，以减少动物圈舍污染物排放量；二是粪污存储设施必须密封阻止氨气泄露，以减少动物粪便贮存流失量；三是在适当耕作季节施粪肥，减少施肥操作损失量；四是制定氮肥施入标准，减少作物生长氮肥流失量。

在氮肥施入标准中，限定耕地最多施氮60千克/公顷，牧草地是90千克/公顷；对缺磷的土壤制定较高的标准值，富磷的土壤制定较低的标准值，目标是将土壤中的氮、磷元素控制在适中水平。

荷兰在产业结构宏观布局层面，根据区域土壤结构和物理成分，在荷兰北部、中部和南部地区，重点布置生猪、奶牛、蛋鸡和肉鸡养殖区域。此外，国家制定宏观调控政策，实现畜禽粪肥在过量省份与不足省份，以及荷兰与欧盟其他国家之间的流动，最终降低粪肥过量省份的土壤负荷，一定区域上实现了种养平衡。

目前在养殖废弃物管理方面，荷兰严格执行欧盟《硝酸盐指令》和《水框架指令》。同时，荷兰自20世纪七八十年代起陆续颁布实施了一系列法律法规，如《土壤保护法案》《土壤修复通令》《动物粪便法案》《空气质量计划》《自然保护法案》《恶臭气体法案》等。

3. 土壤保护与土壤修复

历史上由于荷兰国土地势较低，荷兰人必须持续不断地与水作斗争。因此整个荷兰都是按照水域管辖区划分的。荷兰位于西欧重要河流的入海口，地势低洼，为应对德国、法国、比利时的农业污染跟随水源与河泥汇集在荷兰，1987年荷兰颁布《土壤保护法案》（Soil Protection Act），该法从原有的全国统一限值标准管理思维转向基于特定场地利用风险确定修复标准值，开始在土壤污染修复中融入风险管控理念。2006年，荷兰颁布了专门的《土壤修复通令》，其中分门别类设置了不同情况下启动修复和修复应当达到的法定要求。秉持风险控制的理念，荷兰住房、空间规划与环境部颁布了土壤修复的目标值、筛选值和干预值。在土壤环境质量标准值之外，荷兰土壤环境保护法规还建立了一整套的土壤风险评估规程。荷兰土壤污染修复标准制度以其风险管控、土壤功能导向的管控理念、细致入微的适用分类、弹性化的标准体系、严格行政介入的标准适用过程，展示了对土壤生态环境和人体健康安全的双重制度价值取向。

（六）英国

英国农业用地总面积约1 850万公顷，占国土面积的76%，其中，耕地面积608万公顷，永久性牧场（草地）1 105万公顷。英国农业人口比例极低，占总人口的不到1%，而农业人均生产总值达到约2.8万美元。国内生产的农产品主要有粮食（小麦、大麦）、肉类、奶制品、油料作物、蔬菜等。水果以苹果、梨为主，蔬菜以马铃薯、豌豆、胡萝卜、芹菜为主，其余果蔬主要靠进口。

英国农业发展整体呈布局区域化、经营规模化、生产机械化、技术集成化、农民职业化和发展绿色化的特点。英国东南部为平原地带，土壤肥沃，主要发展种植业，北部是山区和丘陵地带，雨水较多，草木茂盛，主要发展畜牧业。英国的农场平均规模大、大农场比重高，居欧盟之首。每个英国农场平均拥有 29 公顷土地，而在欧盟其他国家平均每个农场仅拥有 7 公顷土地。英国农业机械较为发达，粮食生产从播种到收获、清选、进仓、出仓等各个环节全部实现机械化。英国农民多数为经过培训且有职业资格证书的职业农民，定期参加各类培训，具有较高的职业素质。

以下就英国肥料使用、养分管理、农业面源污染防控等方面进行介绍。

1. 肥料使用与养分管理

英国拥有一套全面、完善的肥料使用推荐参考——《养分管理指南》［Nutrient Management Guide（RB209）］，该指南于 1973 年由农业、渔业和粮食部（MAFF）首次提出，并于 2010 年进行修订和更新。主要分为 7 个部分，分别给出了畜禽粪污、污泥、堆肥、沼液沼渣以及食品加工废弃物等有机物料的主要养分情况，给出了牧草、谷类、油料、蔬菜、水果等不同作物的养分需求。所提供的信息可以帮助种植业者充分利用有机材料，平衡肥料使用的效益和成本（包括经济和环境成本）。该指南传递的理念是，良好的养分管理不仅仅是使用肥料，还需要了解有机材料和土壤的养分价值，加以科学利用，达到节约生产成本和保护环境的双重效果。

2. 农业面源污染防控

在英国，粮食需求的日益增长也曾带来水体污染、农业生物多样性降低等一系列农业生态环境问题。为此英国实施了一系列环境措施（表 2-6），经过 20 多年的努力，英国地表和地下水体硝酸盐浓度逐步下降并趋于稳定。

表 2-6　英国面源污染防控措施

管理对象	主要技术措施
土壤	— 发展冬闲田绿肥 — 保护性耕作制度 — 秸秆还田、增施有机肥 — 维持和提高土壤有机质含量

（续表）

管理对象	主要技术措施
化肥	— 耕地施肥推荐系统 — 化肥、有机肥配施 — 高环境风险地区不施化肥 — 避免高风险时期施用化肥（草场和作物，分别在 9 月 15 日到次年 1 月 15 日和 9 月 1 日到次年 1 月 1 日不能使用化学合成肥料等） — 利用替代性肥料或施用添加剂（硝化抑制剂和脲酶抑制剂）
有机肥	— 固体有机肥堆肥处理、干湿分离，将液态粪尿转化为固体有机肥 — 远离河道和田间排水沟堆放固体有机肥 — 将有机肥输送到附近农田施用 — 禁止在高环境风险地区或时期施用有机肥

（资料来源：刘坤等，2016）

土壤管理方面，在冬季不种作物的耕地上选择在秋季时种植填闲作物，采用少耕、免耕、地表微地形改造技术等综合配套措施形成保护性耕作制度。

化肥管理方面，利用耕地施肥推荐系统开展合理施肥、利用替代性肥料或施用添加剂（硝化抑制剂和脲酶抑制剂）、高环境风险时期不施化肥等减少由于肥料损失而带来的面源污染。据估计，英国常规 1 级、2 级土壤会造成氮每年 50 千克/公顷的淋洗，而对于灌溉良好的高肥力土壤，氮甚至超过 100 千克/公顷。对于硝酸盐敏感区（英国国土面积的 70%都属于硝酸盐敏感带），施肥数量不能超过作物需求，并对肥料使用数量保留至少 5 年的记录。

有机肥管理方面，采取提升养殖场粪尿存储能力、减少养殖场污水产生量、将液态粪尿转化为固体有机肥、远离河道和田间排水沟堆放固体有机肥等措施，尽量减少污染物进入肥料储存地的清洁水中，将有机肥循环使用且深翻入土壤，与土壤充分混合，实现有机肥的资源化、减量化和有效处理。

（七）美国

据统计，2017 年，美国农业土地面积为 3. 64 亿公顷，耕地、牧场、林地、特殊用途地占比分别为 45%、44%、8%、3%，其中耕地面积约占国土面积的 18. 22%，是世界上耕地面积最大的国家。农场是美国农业的典型经济形式，2017 年，农场数量达到 204 万个，平均规模 178 公顷，农业机械化水平高，大部分农场仅有 1~2 名生产者。

玉米、大豆、小麦、棉花是美国主要的种植作物，一般年份占总播种面积的90%以上，此外，园艺、糖料、烟叶等产业也非常发达。美国畜牧业集约化生产水平很高，完全实现了农场专业化，其中养牛业在美国畜牧业中历来占首要地位。近年来，各类畜牧养殖场的规模在扩大而数量在减少。2017 年美国农业生产总值达到 3 890 亿美元，美国养殖业和种植业的生产总值相当。

以下重点介绍美国的农业生态管理经验，内容包括保护性耕作、肥料施用和畜禽粪污管理等。

1. 保护性耕作

美国保护性耕作措施主要包括：①免耕和少耕：免耕年限视土壤、气候和风蚀情况而定，一般 4~5 年耕作一次，可有效减少土壤水分蒸发；②秸秆覆盖：覆盖方式包括秸秆粉碎铺放地表、留茬、秸秆直立或压倒覆盖等；③条播耕作：只在窄条带上进行播种、施肥等（仅用于成行作物）；④休耕和轮作：只是干旱地区实行。

保护性耕作广泛应用于美国主要农作物（图 2-4），包括 67%的小麦（2017 年）、65%的玉米（2016 年）、70%的大豆（2012 年）、40%的棉花（2015 年），其中，免耕比例因作物而异，小麦、玉米、大豆、棉花的免耕面积分别占到各自种植面积 45%、27%、40%和 18%。

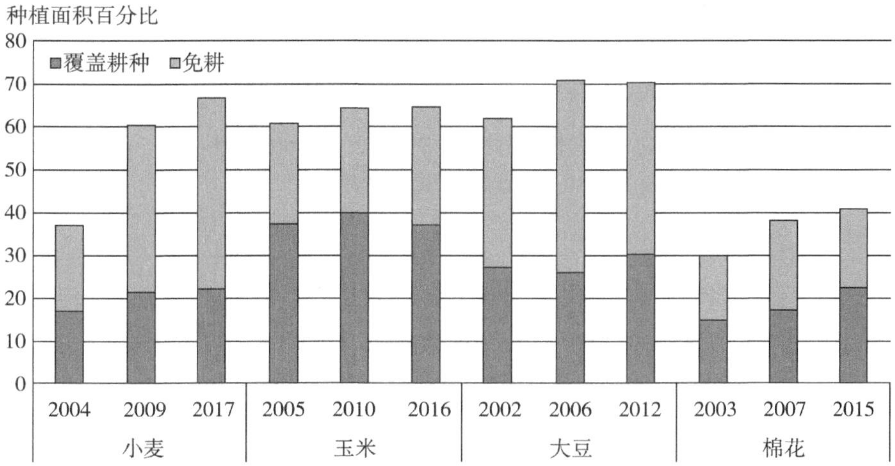

图 2-4　美国小麦、玉米、大豆和棉花的保护性耕作面积变化情况

通过保护性耕作措施可以减少土壤风蚀、增加土壤水分、提高土壤肥力、降低生产成本。但同时也会出现以下问题：土壤温度低（早春土壤升温慢）、土壤条件要求严格（免耕、少耕适合轻质土壤）、生态环境问题（气态氮损失大、滋生杂草和发生病虫害）。因此，进行保护性耕作时需加强管理，才能起到改善耕地质量、提高农业生产水平的效果。

2. 肥料施用

美国化肥用量近年稳定在 2 000 万吨左右（图 2-5），较 2008—2009 年 18%的降幅有所回升，但远低于中国的化肥用量。历史上，美国也曾为提高作物单产，大量使用化学肥料。1960 年至 1980 年，美国化肥的使用量急剧增加；1980 年以后，美国政府和农户都纷纷意识到化学肥料带来的副作用，逐渐降低化学肥料使用而重视有机肥料。

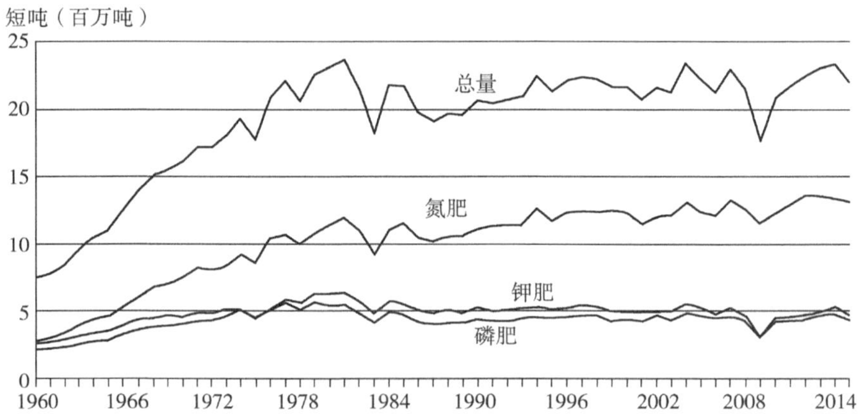

图 2-5　美国化肥消费量变化情况（1960—2014）

（资料来源：美国农业部）

注：1 短吨（short ton）等于 2 000 磅，约 907 千克。

当前，美国氮肥消费量在 1 000 万～1 200 万吨，高于磷肥和钾肥。作物平均施氮为 180 千克/公顷，年度间变异不大。在氮肥的结构上，液体氮肥占氮肥用量的 50%，其中尿素硝酸铵溶液、液氨为主要产品。

美国氮肥和磷肥的利用率普遍较高。玉米、冬小麦和棉花的氮肥利用率在 70%左右，磷肥利用率在 60%左右。1997—2015 年，氮肥利用率不断提高，玉米从 58%提高到 76%，冬小麦从 56%增长到 71%，棉花从 58%上升到 68%；而磷肥利用率变化不一，玉米从 60%上升到 65%，棉花从 58%上升到66%，而冬小麦从64%下降到60%。这与其采用养分综合管理4R技术、测土配方、机械化施肥等实现养分的精准管理有密切的关系。

3. 畜禽粪污管理

2003年和2008年美国环保局修订了《清洁水法案》（Clean Water Act），规定集约化规模养殖场（CAFOs）均需申请国家污染物减排系统（NPEDS）许可。具有NPDES许可证的CAFOs必须有一个养分管理计划（NMP），核心是将环境保护与养分管理结合起来。

2012年，美国超过890万公顷的土地施用了粪肥，占所有农田和牧场的2.6%。大约78%的养猪场、95%的牛奶场和52%的肉鸡养殖场在自有土地上施用粪肥。

（八）澳大利亚

澳大利亚以农业为基础产业，涉及畜牧业、种植业、渔业、林业等。澳大利亚农业受到其社会、经济、劳动力以及自然条件的影响，主要呈现以下特点：一是农业生产高度机械化，劳动生产率非常高；二是重视产品质量标准，对农产品从选育、加工等生产过程和进口、出口等环节都制定有标准并设有严格的监督程序；三是从农场初级产品直到进入家庭的整个过程（包括初级生产、加工、运输、包装）实现标准化管理，如食品安全标准监管、乳制品从牧场到餐桌的质量管理体系等；四是注重环境和资源保护及综合利用；五是将市场准入作为农业领域的主要保护手段之一，即根据相关标准、指南和建议，选用先进的科学技术手段，实施极其严格的农产品进口检疫制度，以保护本国市场，并确保作为岛国和农产品出口大国的地位不受到外来农畜植疫病的侵害。

澳大利亚拥有广袤的国土资源，土地作为社会经济活动的载体，也为澳大利亚发展农业提供了得天独厚的优势。就发展农业而言，其实澳大利亚的土地质量总体来说并不好，主要土壤类型很贫瘠，特别是近二百多年的农业生产历史，已经在很大程度上改变了澳大利亚的土地特征。农业生产引发的土地退化是澳大利亚农业面临的重要环境问题。澳大利亚的土地退化表现在以下几个方面：土壤盐渍化、土壤碳流失、土壤酸化、土壤侵蚀等。

针对土壤存在的问题，澳大利亚的农业科技工作者在深入研究的基础上，主要应用多个方面的技术措施来改良土壤，保证地力的持久不衰，达到农业的持续稳定增产，保证土壤内部系统与外部系统循环进入良性轨道。主要包括以下的技术和应用。

——轮作技术，主要有：小麦—豆科作物（一年生）隔年轮作；小麦—多年生牧草（牧草种三年）轮作；三年牧草—两年水稻——一年小麦的六年一个周期轮作。通过这些轮作制度的实施，保证了土壤有机质稳定在2%~3%，土壤 pH 值 6.5 左右，土壤结构良好，从而达到持续增产的目的。

——化学调控技术：根据土壤酸性强弱，合理施用石灰，是提高 pH 值的一项有效措施。为了改善土壤结构，还会施用土壤调理剂，是从一种富含鱼粉中提炼出来的腐殖酸，富含钾元素。其可以改善土壤结构的通透性，增加土壤微生物数量，调节土壤酸碱度和土壤营养元素的平衡。

——改良地下水循环系统技术：抽排地下水法，通过打井与地下开暗沟相结合的方法，让地下水汇集到某一低洼处，然后用抽水机抽排地下水，降低地下水位，抽排的水补充部分淡水后继续灌溉作物。这种改地下水向地面抬升运动为垂直向下渗透运动的措施，使土壤盐分下渗，从而达到淡盐的目的。林农间种技术，在农田区种植深根农田防护林，通过深根系林木吸收地下水，降低地下水位，减轻盐碱化。

——增加土壤有机质积累技术：免耕法，免耕有利于土壤有机质积累，减少土壤有机质的矿化。粪肥的施用方法，在卡勃内持续农业研究所，推广了一种施用液化有机粪肥的方法，即奶牛在挤奶场产生的粪肥，用水冲洗入一个化粪池，然后灌溉牧草，灌后多余的水又收集起来，用抽水机提水，循环施用，保证了粪肥的还田。采用这项措施，奶牛的放养密度从每公顷 1.5 头提高到 4.5 头。

——等高种植技术：防止水土流失的一个重要措施就是等高种植。

——小流域治理技术：在小流域的山顶绿化层，治理水土；中间开发层，发展经济作物，并且采取一整套持续农业耕作措施，如等高种植，在山坡下部，重点降低地下水位，防止次生盐碱化。

——现代农业技术的应用：从防止土地退化的需要出发，澳大利亚环保部门利用地球资源卫星及“3S”技术对荒漠化发展趋势进行了大尺度监测评价，并对荒漠化过程、影响因素与防治措施等进行研究，尤其是在利用先进的同位素示踪技术进行各种环境下土壤风蚀速率的定量评价、土壤养分、水分及有机质动态监测等方面做了大量工作，提出了土壤墒情监测与预报的理论和方法，将空间信息技术和计算机模拟技术、遥感技术等用于监测土壤墒情，并应用航空照片和卫星照片技术、地面调查等各种手段相结合的方法，进行农业土地资源调查，掌握各种土壤、土地分布变化情况，绘制出各种比例尺土壤、土地图及全国土地侵蚀图。调查研究各地区土地利用状况，寻找宜农、宜林、宜牧的后备土地资源，进行各类土地面积的数量统计与质量评估，为进一步合理开发利用土地资源和制定科学规划发挥了重大作用。

（九）启示

全球人均耕地面积为 0.24 公顷，我国约为 0.09 公顷，农业生态环境可持续发展需求非常紧迫。近年来提出化肥减施、有机肥替代化肥等措施成效显著，使我国化肥用量 6 000 万吨成为下行的拐点。2019 年我国耕地休耕试点面积扩大到 33.3 万公顷，高标准农田建设持续推进。而农业生态环境可持续发展是一项系统工程，还需进一步加强对农业发展的宏观调控和法律保障，加大对农业的政策支持，完善农业服务体系，通过一系列干预和调节措施防治面源污染和耕地退化，保障我国现代化农业发展持续有效。

日本是自然资源约束性很大的国家，人均耕地面积仅为 0.05 公顷，但日本的精品农业成就令全球瞩目。日本环境保全型农业技术体系使战后的日本农业生态环境得到持续改善，而日本农协组织为农民提供了金融、保险、生产资料、市场、贸易等一系列的保障。日本农业运行模式值得我国都市农业产业借鉴，将农产品品质及城市周边环境生态安全向高端方向推进。

欧洲人均耕地面积为 0.4 公顷，欧盟农业生态发展不仅保障了优质食品供应，更重要的是得到了生态环境的良性发展。欧盟高比例的农业补贴预算投入换来了食品安全、生态环境可持续、社会福利附加值高的成效。瑞典、丹麦、荷兰、英国等国作为欧盟成员国，对农业产业竞争力、农业生态可持续发展贡献力起到了先导作用。各成员国政府制定了良好适用的政策导向，农业服务广泛覆盖，为农民提供耕地环境管理和施肥指导。农民是行动的受益者，既获得了利润，生产生活条件又得以改善，因此，农场主愿意与国家配合，共同行动。欧盟农业发展模式值得我国沿海地区农业产业借鉴，鼓励地方率先立法立规，通过金融保险政策支持，以及活跃市场经济拉动，加快提升农业服务产业水平。

美国和澳大利亚农业发展模式十分值得我国北方地区学习和借鉴。美国人均耕地面积为 0.7 公顷。美国是全球使用农业机械最早的国家，保障其高农业劳动生产率，使美国农业产业竞争力保持居高。而美国大萧条后的一系列农业法规政策（农业调整法、农业信贷法）实施是美国农业保障供给、稳定发展的核心基础。《土壤保持和作物调配法》规定，国家奖励不再种植消耗土壤肥力作物，而改种保持土壤肥力作物，且奖励进行土地整治的农民，使得美国土壤保护区得以建立。澳大利亚人均耕地面积为 2.6 公顷，地广人稀，但农牧业具有较强的竞争实力。澳大利亚政府充分发挥市场的决定性作用，在培育现代农业经营体系，培育和保护优势生产能力，不断完善农业支持保护体系，推进农业技术进步，统筹城乡基础设施和公共服务体系等方面保障农牧业可持续发展。

近年来，我国大力推进农业现代化取得了一定进展，但也面临着农业转型的诸多问题。结合国情，学习借鉴，因地制宜，补齐短板。可持续利用好自然资源的重要内容之一，就是使土壤资源具有良好的生命活力，保护其生物多样性，提升土壤肥力水平。我国幅员辽阔，地域间存在着显著差异。建立差异化的技术管理体系，并通过法规机制和效益机制，引导种植者及养殖者按照农业生产规律，保护生态环境，掌握先进农业生产技术，提升农业生产效率和经济效益。

积极推动农业绿色发展，制定适合我国国情的废弃物资源安全、有效还田及养分管理指导措施，统筹实施，保障农产品质量和生态环境安全。一方面，通过农业投入、金融保险等良策良法，壮大农业劳动生产力队伍，推进与机械化、社会化服务和地区经济发展相适应的适度规模经营发展。另一方面，加大种养结合、废弃物资源化利用、循环农业等新技术推广力度，以市场为导向，不断提升我国农产品及相关产业竞争力。

参考文献

蔡守秋，2002. 欧盟环境政策法律研究［M］. 武汉：武汉大学出版社 .

陈红卫，吴大付，王小龙，2011. 英国农业发展现状、经验及启示［J］. 河南科技学院学报（社会科学版）（5）：17-20.

胡树文，2019. 来，看看日本生态农业模式［J］. 农产品市场周刊，（7）：60-61.

李晖，1996. 澳大利亚的土壤改良与持续农业技术［J］. 广西农学报，1：47-50.

刘坤，任天志，吴文良，等，2016. 英国农业面源污染防控对我国的启示［J］. 农业环境科学学报，35（5）：817-823.

刘铭，张英杰，吕英民，2010. 荷兰设施园艺的发展现状［J］. 农业工程技术（温室园艺）（8）：24-33.

唐珂，2014. 美国农业［M］. 北京：中国农业出版社 .

唐珂，2015. 荷兰农业［M］. 北京：中国农业出版社 .

唐珂，2016. 澳大利亚农业［M］. 北京：中国农业出版社 .

汪志国，2004. 澳大利亚土壤污染状况及防治对策［J］. 北方环境，29（5）：9-11.

许英杰，2010. 丹麦农业生产中的肥料使用及其对中国的启示［J］. 中国农学通报，26（16）：180-183.
喻锋，2012. 日本环境保全型农业概况［J］. 国土资源情报（1）：25-28，56.
张辉，崔泽民，宋玮，等，2016. 英国现代农业发展的启示与建议［J］. 中国农业资源与区划，37（4）：62-68.
Zhang Q Q，Ying G G，Pan C G，et al.，2015. Comprehensive Evaluation of Antibiotics Emission and Fate in the River Basins of China：Source Analysis，Multimedia Modeling，and Linkage to Bacterial Resistance［J］. Environmental Science & Technology，49（11）：6772-6782.

第三章　探索实践推动农业服务产业发展

在我国农业现代化与农业可持续发展进程中，农业产业面临着巨大的机遇和挑战，解决“三农”问题是一项重要、艰巨而持续的任务。种植业是第一产业的基础产业，而土壤肥料产业可称为基础中的基础。研究所存在的系统性问题是发挥好优势、解决好问题的关键。土壤肥料产业根本核心是促进土壤资源有效利用及可持续发展，透支土壤肥力导致土壤次生障碍问题应得到有效遏制。

而解决这一问题的关键是要在几个方面做好整合。首先要进一步提升相关劳作者、从业者、管理者的法规意识和科技水平，使利益相关方获得合理的效益和业绩，让优质农业品产出于青山绿水、良田碧野中。其次要有效促进种植业相关产业（种业、土壤肥料、植物保护、农业机械、加工、储运、销售等）的融合发展，因地制宜以资源生态环境为约束条件，政策引导以各环节产出效益为杠杆调节，市场驱动使生产优质农产品的劳作者和从业者更多获利。第三要推动建立优化、配套的技术服务体系，给劳作者和从业者提供高效组合技术服务，将极大提高农业综合劳动效率和生产效益。与其他专业领域相比，种植业中土壤肥料产业的完整性弱、差异性强，不仅涉及土壤肥力、肥料投入及养分管理，而且与水资源利用、废弃物资源循环利用、农业机械化等技术关联紧密。

2017 年，中国农业科学院联合中国农学会农业分析测试与耕地质量评估分会、中国植物营养与肥料学会农化服务工作委员会及联盟有长期生产实践经验的农业企业，聚焦化肥减施增效、废弃物利用、生态种植、大农户服务等方面技术整合，分别在云南、内蒙古、河北、浙江等地开展了种植产业服务模式创新的探索与实践活动。

探索实践推动农业服务产业发展立足于两点创新驱动。一方面，基于多层面的科学技术成果组合。多年来土壤肥料行业提升种植环节产出效益的实践成果，结合农作物与农业产业需求的体系化研究，将区域有机废弃物资源化利用、土壤改良与质量提升，以及化肥减施增效有机结合，以科学施肥、耕地养护服务为基点，提高土地产出率及农民劳动生产率，疏通产业瓶颈，进而推动大农业生产向着规模集约、优质高产、绿色可持续的方向加速发展。另一方面，基于其多元化的合作主体。科研院所、农资企业和农技推广机构形成的网状联合，围绕国家战略作物的养分需求，通过为种植户提供“农资供应服务、农业绿色生产技术服务和农业废弃物资源化利用服务”的实践过程，探索并建立“紧密的利益联结和分享机制”；以“资金、技术、服务”等要素为纽带，构建农业服务创新模式。

一　化肥减施增效探索实践：以云南大理大蒜为例

我国是世界上最大的大蒜生产国、消费国和出口国，在国际市场上占据着绝对的份额。作为四大根茎类作物之一，大蒜是重要的蔬菜作物和经济作物，也是我国农业结构调整的重点发展和扶持对象。随着大蒜的食用、保健、医疗等价值被不断发掘，大蒜产业的发展前景和经济价值不可小觑。

云南是我国南方大蒜的重要产区之一，其中大理州大蒜因成熟期早、品质好、产值高，尤以早蒜薹和独头蒜在国内外享有盛名，常年栽培面积1.73万公顷左右（向华等，2019）。大理州境内河流湖泊众多，呈羽状遍布全州，其中洱海为云南省第二大内陆淡水湖，为国家重点保护水域之一。洱海周边分布大面积的蒜田，种植方式以多肥多水为特点，致使近洱海区域因种植大蒜成为生态环境高风险区域，过量使用的化肥经水流排到洱海及其流域中，导致水体中氮和磷的含量增加，严重制约着当地大蒜产业的发展，也影响了当地经济社会的可持续发展。

（一）联盟实践

为降低大蒜种植业对洱海的面源污染风险，促进大理大蒜产业的健康发展，2016年9月，联盟启动了“大理州大蒜试验示范及推广项目”，该项目旨在维持产量的前提下，为存在高施肥情况的生态脆弱区提供安全合理减肥方案（图3-1）。

联盟参与成员包括堃泰生物科技有限公司、武汉皓达农业科技有限公司、汕头市微补植物营养科技有限公司、仲元（北京）绿色生物技术开发有限公司、安琪酵母股份有限公司、河北萌帮水溶肥料有限公司等。

围绕化肥减施增效，同时为了土壤改良、高效利用当地畜禽养殖有机废弃资源，联盟在大理市上关镇大排村的大田中采用多点布局，着重推出“减肥模式”和“生态模式”种植。在减肥模式中，基肥在当地习惯用量的

图 3-1　云南大理大蒜田间试验（2016—2017 年）

基础上减少了 20%，进行有机水溶肥料浸种，在生长期配合灌溉补充了钙、镁中量元素及有机水溶肥料。生态模式则针对当地的土壤条件和大蒜的养分需求，充分利用当地养殖业和种植业废弃的有机资源，经过高温灭菌、发酵后作为底肥沟施于土壤，大蒜种子采用有机营养液浸种后播种，在苗期和薹期采用冲施及叶面喷施的方式追施适量的大量元素水溶肥料、中量元素水溶肥和有机水溶肥料。

项目采用跟踪服务的模式，全程指导农户进行大蒜种植，累积示范推广面积达到 1.8 公顷。2017 年 4 月，大蒜现场测产后，对大蒜的品质进行了鉴定。与传统模式相比，生态模式的大蒜产量增加了 6.97%，收益增加了 7.22%；减肥模式大蒜产量增加了 2.76%，收益增加了 3.14%。而且生态模式下大蒜的还原糖、维生素 C、蒜氨酸含量均高于减肥模式，分别高出 6.00%、9.85%和 7.09%。

在安全性方面，两种模式下大蒜中均未检出重金属铅。生态模式下，大蒜中镉含量均未超过《食品安全国家标准　食品中污染物限量》（GB 2762）和国际食品法典委员会（CAC）的限量规定。《食品安全国家标准　食品中农药最大残留限量》（GB 2763）规定了大蒜中农药的残留限量，本试验无论是在减肥模式还是生态模式下，大蒜中均未检出马拉硫磷、克百威等 11 种农药。

综上，两种技术创新模式均优于传统模式，而且生态模式较减肥模式的优势更加明显。究其原因，生态模式注重土壤生命力，提供了充足的有机碳源和矿质营养，解决了土壤碳饥饿等问题，为大蒜生长营造了良好的土壤环境，使土壤生态达到最适合植物根系生长的条件。其次注重增强种子活力，通过浸种提高发芽率、出苗率，促进根系生长。同时，按照作物养分需求及目标产量实施精准施肥，大量元素水溶肥料和中量元素水溶肥料提供了大蒜生长所必须的氮、磷、钾、钙、镁、硫等营养元素；添加的养分增效剂提高了营养元素的利用率；有机水溶肥料有利于大蒜的生长和次生代谢。以上措施为大蒜高产打下物质基础，且有利于改善大蒜的风味和品质。与此同时，生态模式将洱海流域的农业废弃物资源充分转化为改良土壤生态的重要物质，通过水肥调控使所施用的肥料保留在耕层土壤中，减少养分流失。最终达到了绿色种植、农民增收、农业废弃物有效利用、生态环境保护多重目标。因此，生态模式可以作为一个模板在该地区乃至全国生态脆弱区进行推广应用。

此外，武汉皓达农业科技有限公司与华中农业大学资源与环境学院合作，在试验基地开展了大蒜营养优化的小区试验。试验设常规施肥对照、施用硼肥、配施硼肥和钼肥处理。于2016年10月播种，2017年5月收获，在不同生长阶段采样并进行2 000样次测试。结果显示，施用硼肥及其配施钼肥处理，青蒜产量较对照提高17.5%~36.0%，蒜薹产量提高33.5%~44.7%，蒜头增产28.9%~30.4%，且大蒜品质指标蒜氨酸和大蒜素的含量均显著提高。可见，在土壤硼钼缺乏时，合理施用微量元素硼肥及钼肥有利于促进大蒜增产提质。

（二）全球大蒜产业

据联合国粮农组织（FAO）统计，1961—2018年，全球大蒜种植面积由77.12万公顷增加到154.82万公顷，增加了一倍左右；大蒜的平均单产由5.58吨/公顷提高到18.41吨/公顷，大蒜的产量从430.07万吨增加到2 881.13万吨，增加了5.6倍左右。

全球有近百个国家和地区生产大蒜。亚洲是全球大蒜的主产区，其次为欧洲、北美洲、南美洲、非洲、大洋洲。2018年，大蒜产量位居世界前十名的国家分别是中国、印度、孟加拉国、韩国、埃及、西班牙、美国、乌兹别克斯坦、俄罗斯和缅甸，这些国家大蒜产量占全球总产量的92.4%。其中，中国是大蒜种植面积最大、产量最高的国家，分别占全球种植面积和产量的51.2%和78.35%，单产为28.16吨/公顷，在全球大蒜生产中占有重要地位。

从大蒜贸易情况看，2017年，全球大蒜出口量排名前十位的国家分别为中国、西班牙、阿根廷、荷兰、印度、马来西亚、墨西哥、美国、秘鲁和法国，占全球出口总量的97%。其中，中国出口量位居首位，约171.2万吨，占全球总出口量的79%。印度尼西亚为中国大蒜出口的最大市场，约占出口总量的30%。2017年，全球大蒜进口量排在前十位的国家依次为印度尼西亚、巴西、马来西亚、美国、菲律宾、阿联酋、俄罗斯、沙特阿拉伯、孟加拉国和泰国，占全球进口总量的64%。其中，印尼大蒜进口量最大，约55万吨，占全球总进口量的28%。

（三）我国大蒜种植区域与市场

大蒜的适应性很强，在我国各地几乎都有种植。山东、河南、江苏是我国大蒜种植的三大省区，种植面积及产量之和均超过全国总数的50%（图3-2），优势产区包括山东济宁、菏泽，河南开封、中牟，江苏徐州、邳州一带。

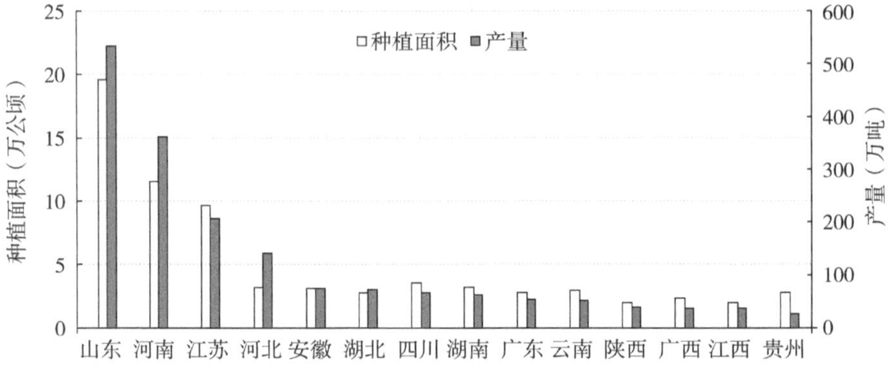

图3-2 我国大蒜主要种植省区及产量（2016年）

（数据来源：农业农村部）

我国大蒜在国际市场上占据较大份额，不少国家和地区对我国保鲜大蒜实行贸易壁垒及进口限制性措施。1995年，美国首次对我国大蒜征收了高达376.7%的反倾销税，我国大蒜出口自此频频受限。随后，加拿大、巴西、南非等国步美国后尘相继对我国大蒜实施了反倾销措施；日本、韩国也分别对我国大蒜实行过紧急征收高关税的制裁；而欧盟、印度、泰国更是对我国大蒜采取了严格的配额管理方式，且一直延续至今。自2014年以来，我国出口大蒜的价格不断水涨船高，直接影响了东盟一些国家，尤其是印度尼西亚这样的大蒜加工再出口国，其生产成本迅速上升。印度尼西亚近年来对我大蒜等果蔬产品出台了一系列限制性政策，包括进口商资质审批、配额数量限制、指定检验机构、进口商须种植其进口量5%大蒜等硬性要求；2017年，印尼政府开始尝试在本土大面积种植大蒜，同时开发其他的原料蒜进口渠道，试图摆脱在大蒜进口上全面受控的局面。自 2017 年 4 月起，我国对印度尼西亚的大蒜出口量开始不断地出现同比负增长。

（四）我国大蒜产业发展

我国有食蒜的传统，因此大蒜以国内销售为主。其中，蒜头、蒜苗等大蒜制品消费量占 70%左右，种子占 5%，开发大蒜深加工品的原料量占 10%~15%，出口占 10%左右。作为我国优势特产蔬菜，大蒜生产中仍存在以下几方面问题。第一，管理粗放分散，产品质量参差不齐。我国大蒜生产主体多是小农，大规模土地流转及现代化承包经营种植程度不高，管理分散，使得种植的大蒜在品种和质量上参差不齐。第二，机械化水平较低，人力成本持续增加。大蒜是劳动密集型栽培作物，而我国仍以人工插种、人工挖蒜为主，极少使用大蒜收获机收获。近年来新开发的一些机械化栽植和收获技术装备，存在适用性差、效率低等问题。第三，化肥投入过高，环境安全受到威胁。多数蒜农为提高大蒜产量，种植方式以多肥多水为特点，致使土壤板结和酸化严重，且过量的化肥随水流入周围的水源导致水体富营养化，影响当地生态环境。第四，农药滥用严重，农药残留问题突出，产品出口受到影响。除以上因素，我国大蒜产业发展还面临着其他困境，如缺乏指导，盲目种植，局部产能过剩；大蒜加工品种少，产品科技含量和附加值低，经营观念和模式陈旧，品牌意识薄弱；大蒜的价格受多方面因素影响，市场波动较大；国外技术和贸易壁垒层出不穷等。

为提高我国大蒜产业的国际竞争力，应采取积极措施。第一，应完善我国大蒜产业的全过程标准化体系建设。从大蒜的种植、采收、加工、包装、储藏及出口等各个环节入手，建立和完善以品种质量、产地环境、农业投入品、生产技术和农产品质量等为主的一系列标准，提高大蒜品质和质量管理。第二，建立大蒜预警机制，规避市场风险。大蒜生产情况的公开透明在一定程度上对种植面积的控制有着积极作用。适时发布数据，对蒜农进行引导，避免产量过大导致价格暴跌。第三，加大对大蒜产业的研发，提高产品附加值。主攻大蒜冷藏保鲜技术、新品种培育技术、深加工技术等的研发，开发大蒜食品、药品、保健品、化妆品等高端产品，积极推动我国大蒜产业由粗加工向精深加工的顺利跨越。第四，在政策和资金方面，加大对行业组织、企业和农户的支持和投入。国家和各级地方政府应加大扶持大蒜产业化龙头企业和大蒜合作经济组织，积极支持大蒜产业化、标准化、信息化、合作经济的发展，开展大蒜信息服务、技术培训、推广种植新技术，标准质量认证等。只有政府部门、技术推广机构、企业、农户等各方加强沟通合作，才能共同推动我国大蒜产业的持续健康发展。

二、种植—养殖产业升级实践：以内蒙古牧草为例

牧草，也称饲草，根据生长期可分为一年生和多年生，一年生如青贮玉米、饲用燕麦、草木樨等；多年生如苜蓿、羊草、无芒雀麦、鸭茅、狼尾草、三叶草等。饲草作物一般分属于三大科，即豆科、禾本科和十字花科，但也有一些藜科和菊科等。牧草产业对于促进草食畜牧业发展，以及提高养殖业生产效益、改善生态环境等方面都具有重要作用。

（一）联盟实践

2017 年，为促进新时期我国畜牧业发展，从种植业的角度提升畜牧业生产力，联盟及其合作机构选择了目前国内种植规模较大、呈强力上升趋势的紫花苜蓿、燕麦草、青贮玉米等饲草作物作为拉动产业升级的试验作物，进而对我国饲用牧草的产业现状、商品草的生产及加工现状、牧草生态种植模式等进行了调研。针对国产牧草质量低、缺良种、短技术，以及土地贫瘠、高损失、低产出，机械体系不完善、种植管理不到位等产业问题。联盟开展了多地多点优化养分管理及提质增效的小区和示范试验。

2017—2018 年，武汉皓达农业科技有限公司与华中农业大学资源与环境学院合作，在大学试验基地研究了优化施肥技术对紫花苜蓿干草产量及品质的影响。苜蓿于 2017 年 10 月播种，第一轮于 2018 年 4 月 20 日刈割一次，从 5 月 4 日起进行第二轮刈割，共进行五轮，7 月 30 日最后一次刈割。刈割部位距地面 5~6 厘米，田间称鲜重，洗净后分解叶、茎称重，于 105℃ 杀青 30 分钟，65℃烘至恒重。结果表明，优化施肥处理的干草产量较对照处理提高了 11.48%~16.57%，二者同期的茎叶比及酸性洗涤纤维含量基本持平，优化施肥处理的干草粗蛋白含量较对照提高 0.02~2.58 个百分点。优化施肥技术能显著提高苜蓿干草的产量，且一定程度上能提升干草的品质。

2018 年年初，在内蒙古牧草规模优势产区，联盟组织实施以科学施肥和耕地养护服务为核心的牧草（苜蓿和燕麦）产业升级优化种植示范试验，对大宗商品牧草的养分管理、种植技术等方面进行实践探索。该项工作旨在探索适应我国新时代“三牧”发展的牧草生产技术和产业模式；提高规模化、集约化、生态种植苜蓿和燕麦的市场竞争力；为建立我国牧草种植的土壤改良培肥、节本提质增效的综合技术体系、多元服务模式，提供数据基础和理论依据。

苜蓿试验设在内蒙古阿鲁科尔沁旗、土默特左旗、达拉特旗等三地；燕麦试验设在内蒙古阿鲁科尔沁旗、土默特左旗两地。以草都试验为例：试验地位于内蒙古赤峰市阿鲁科尔沁旗绍根镇岩峰农业苜蓿基地。苜蓿位于23、24号喷灌圈（第一茬），第22、第25号圈（第三茬）；燕麦位于2、3号喷灌圈（图3-3）。

图3-3　内蒙古赤峰苜蓿田间试验示范项目现场（2018年）

试验均设常规施肥和SFAC优化组合施肥的对比，其中，苜蓿试验分两茬对当地常规施肥和SFAC优化组合施肥进行了对比，燕麦试验设三个处理，施肥方式分种肥和圈灌两种。SFAC优化组合产品由安琪酵母有限公司、武汉皓达农业科技有限公司、河北萌帮水溶肥料有限公司、汕头市微补植物营养科技有限公司等提供。武汉皓达等企业、中国农业科学院研究团队及联盟秘书处全程派员实施试验操作，全程跟踪观测记录和管理。

试验结果显示，与常规施肥相比，联盟组合处理均在保证苜蓿和燕麦品质的同时明显提高苜蓿的产量。苜蓿平均增产幅度可达17.7%~23.6%；能较大幅度提高苜蓿的适口性，与常规处理相比，茎叶比平均降低量达7.4%~8.0%。另外，对苜蓿受冻后恢复生长有一定的促进作用。燕麦根据肥料组合产品用法用量的不同，增产幅度在2.3%~17.4%；同时，燕麦草平均茎叶比较常规施肥降低量达1.4%~3.1%，说明能较大程度提高燕麦草的适口性和品质（图3-4）。

上述结果是将多年来土壤肥料的技术成果集成应用于牧草产业的创新实践，进一步总结出了试验区适于苜蓿和燕麦种植的科学施肥、土壤改良与质量提升、农业技术服务等一整套节本提质增效的综合技术体系。试验研究制

图 3-4　内蒙古呼和浩特燕麦田间试验示范（2018 年）

定出不同地区存在主要问题技术解决方案，实践证明具有可观的经济效益和生态效益。同时，项目成果验证了联盟组合施肥方案的优良效果，发挥联盟成员技术与产品优势，促进苜蓿和燕麦产业优化升级。

（二）牧草产业

美国、加拿大、澳大利亚、新西兰等是牧草生产的主要国家。在畜牧业生产发达的国家，牧草属于作物生产的重要组成部分，如美国在 20 世纪 50 年代就将紫花苜蓿列入战略物资名录，草产业已成为美国农业中的重要支柱产业。随着我国传统畜牧业向现代畜牧业的转变，在以生产优质牛奶和牛羊肉为目的的草食畜牧业中，依靠作物秸秆加精料的传统落后饲喂模式已不能满足牲畜饲喂的需求，利用优质牧草替代农作物秸秆成为必然趋势。

20 世纪 90 年代后期，包括育种及加工在内的我国牧草产业链初具雏形，但由于整体农业政策的关系，产业发展缓慢。2008 年后，许多奶牛养殖场开始注重用苜蓿饲喂奶牛，从而拉动了牧草产业发展。2012 年，我国启动“振兴奶业苜蓿发展行动”，布局了由北方 10 个省区为主要产区的优质商品牧草专业化生产，推动发展“品质草业”。2015 年，农业部实施了“草牧业试点”和“粮改饲试点”，在北方和西南石漠化区布局了粮改饲任务。2016 年，农业部提出在北方干旱半干旱区、青藏高寒区、东北华北湿润半湿润区和南方区进行区域布局，促进草牧业的发展。

我国的牧草生产布局既存在受市场拉动和资源影响的“草随畜走”和“畜随草走”形态，如山东、河南因畜牧业发展而兴起的牧草产业，宁夏因牧草产业发展而兴起的奶牛产业等；也存在受自然气候条件影响的以草产业发展为主的业态，如内蒙古赤峰的阿鲁科尔沁旗苜蓿草基地和甘肃定西的苜蓿草基地。从我国牧草产业区域布局来看，“一带两区”格局基本形成，

“一带”即北方苜蓿产业带，“两区”即东北羊草生产区和南方饲草生产区。在草业加工方面，形成了东北、华北和西北商品牧草加工优势产业带，以及青藏高原和南方商品牧草加工优势区。

从品类的选择来看，优质牧草备受青睐。在推进草牧业试验试点、粮改饲试点、振兴奶业苜蓿发展行动和种植结构调整等一系列项目示范和带动下，各地紫花苜蓿、燕麦和青贮玉米等优质饲草种植比例增加明显。2017年，我国种草保留面积 1 970 万公顷，总产量为 1.76 亿吨。其中紫花苜蓿种植面积415 万公顷，占21%；青贮玉米种植面积231 万公顷，占12%；随着燕麦草消费日益增强，燕麦在国内的种植面积不断扩大，种植面积为 42 万公顷，同比增长 25.1%。同时商品草的产量和质量也得到明显提升。从牧草种类来看，主要商品草为羊草、紫花苜蓿、青贮玉米和燕麦等，从草产品种类来看，主要有草捆、草块、草颗粒、草粉和青贮裹包等。2017 年，我国商品牧草生产面积 133 万公顷，总产折合干草 1 019 余万吨（中国草业统计 2017）。

随着国家农业供给侧结构性改革的深入推进和粮经饲三元种植结构调整，各地大力发展草牧业，优化牧草种植区域和种类，优良牧草种植比例和牧草单产水平明显提高，粮经饲三元结构调整成效初显。但优质牧草（尤其是豆科牧草）依然依赖进口，国产牧草无论在数量上还是质量上均无法满足畜牧生产的需要。虽然我国牧草产业还存在一些短板，但国内现有资源禀赋、经济环境、扶持政策等优势均可为牧草产业发展提供坚定保障。

1. 苜蓿

苜蓿为牧草之王，是全世界栽培历史悠久、应用广泛、品质优良的蛋白质饲草料作物。美国、加拿大、俄罗斯、中国等是苜蓿生产的主要国家。亚洲已成为世界最大的苜蓿产品销售地，中国、日本、韩国和阿联酋等是主要苜蓿商品进口地。我国商品苜蓿主要来自美国。

2017 年，农业部印发了《全国苜蓿产业发展规划（2016—2020 年）》，按照加快发展牧业、振兴奶业和种植业结构调整的总体要求，坚持优质苜蓿供给“国内为主、适当进口”的基本方针，以市场为导向，加大政策扶持和引导，大力发展高产优质苜蓿种植加工，推行种养结合发展模式，提高苜蓿产业标准化、规模化、市场化、产业化水平，促进苜蓿产业持续健康发展。同时，《规划》提出，到 2020 年全国优质苜蓿产量达到 540 万吨。

我国是全球第二大苜蓿种植国，约占全球种植面积的 15%。国内苜蓿年末种草保留面积从 2001 年的 204 万公顷增至 2017 年的 415 万公顷，累计增幅 1 倍以上。2017 年，苜蓿单产水平为 7 吨/公顷，苜蓿总产量约为 2 934 万吨，苜蓿种植区域主要集中在我国西北地区，产量居于全国前列的分别是甘肃、新疆、陕西、宁夏和内蒙古，五省区累计产量为 2 278 万吨，占全国总产量的 77.6%（表 3-1）。而商品苜蓿生产面积仅为 42 余万公顷，产量 359 万吨。

表 3-1　我国主要省区苜蓿生产面积和产量（2017 年）

省　份	年末累计保留面积（万公顷）	平均产量（千克/公顷）	总产量（万吨）
新疆	93.1	6 420	597.9
甘肃	82.2	8 100	665.7
陕西	67.0	6 780	454.0
内蒙古	54.3	4 260	230.9
宁夏	35.0	9 390	328.9

（数据来源：中国草业统计 2017）

2017 年，我国进口苜蓿 139.8 万吨，进口额 4.2 亿元，其中，从美国进口 130.7 万吨，占比 93.5%，进口额 3.9 亿元。受中美贸易争端的影响，2018 年 7 月 6 日，中国正式对从美国进口的 340 亿美元商品增加关税，关税清单中包括占中国总进口量 93% 的苜蓿，加征关税后美国苜蓿干草的价格从 2 800 元/吨上涨到 3 500 元/吨，造成奶牛饲养成本每年增加 700 元/头。因此，我国苜蓿草业亟须解决一系列关键技术问题、卡脖子问题和短板问题。

2. 燕麦饲草

燕麦是一年生禾本科植物，作为粮饲兼用型作物，具有产草量高，耐旱、抗寒、耐贫瘠等优良特性，且燕麦饲草还具有营养成分含量高、适口性好、消化率高等优点，是奶牛、肉牛、肉羊的理想饲料。燕麦是世界性栽培作物，主要的生产国有俄罗斯、澳大利亚、加拿大、美国、中国等。燕麦鲜草长期保存困难，以调制成青贮饲料和干草为主。据 FAO 统计，2007—2018 年，世界燕麦干草出口量最高的国家依次是加拿大、澳大利亚、美国、新西兰和德国等 5 个国家。

我国种植燕麦草历史悠久，南北方均有种植，但主要集中在中温带气候及高原气候地区。随着养殖业对燕麦饲用价值的不断认识，我国燕麦草产量总体保持增长。2016 年，我国饲草燕麦种植面积约为 33 万公顷，2017 年种植面积增长为 42 万公顷，青海、内蒙古、甘肃三省（区）种植面积最大，占全国种植面积的 76.7%（表 3-2），多数以农牧民自种自产自用为主，也有少量作为商品牧草生产。

表 3-2　我国主要省区饲草燕麦生产面积和产量（2017 年）

地　区	青海	内蒙古	甘肃
生产面积（万公顷）	12.8	8.77	10.5
产量（万吨）	134.0	63.6	81.8

（数据来源：中国草业统计 2017）

与苜蓿进口涨势相比，燕麦草进口的增长更为强势。2017 年，我国燕麦草进口量为 31 万吨，进口来源国主要为澳大利亚，并且从产品质量、价格、运输优势、关税优势、产品标准化等各个方面来看，澳大利亚仍将是我国燕麦草进口的主要国家。

我国自产燕麦以二三级为主，澳大利亚燕麦均属于一二级。虽然国内的燕麦草生产基地正逐步发展壮大，但是国外燕麦草优良的品质仍然受到很多国内牧场的青睐。我国牧草进口量不断呈现上涨的态势，说明中国牧草产业发展的速度还是滞后于草食畜牧业的发展速度，国产牧草的质量不能够满足国内大型牧场的需求。因此，我国燕麦要进一步提高产量、确保质量、降低成本、稳定供应，努力满足市场的需求。

3. 青贮玉米

青贮玉米是指在最佳收获期将包括果穗在内的玉米地上部植株收获，经过整株切碎、加工或贮藏发酵，并以一定比例配制成用以饲喂牛、羊等草食家畜的饲料作物。青贮玉米能较好地保存玉米的营养成分，且全株收获具有高产、优质、省工、节能等优势，在许多养殖业发达的国家和地区，青贮玉米是多数草食家畜的主要饲料。青贮玉米分类主要包括青贮专用型玉米、粮饲兼用型玉米以及粮饲通用型玉米，优质青贮玉米品种应有较高的蛋白质含量、适宜的干物质产量、能量高、消化率高等特征，从发展方向来看，以专用型和通用型品种为主。2017 年，我国青贮玉米种植面积为 231 万公顷，其中，内蒙古青贮玉米面积最大，为 85 万公顷，其次为新疆、黑龙江和山东，四个主产区种植面积占全国的 64.8%（表 3-3）。

表 3-3　我国主要省区青贮玉米生产面积和产量（2017 年）

地　区	内蒙古	新疆	黑龙江	山东	甘肃
生产面积（万公顷）	84.6	35.6	15.2	14.1	10.3
产量（万吨）	2 327.3	885.0	253.6	225.5	175.8

（数据来源：中国草业统计 2017）

欧美国家对青贮玉米的认知与利用已经十分成熟，有完整的产业链体系。我国青贮玉米产业与欧美国家相比还存在相当大的差距。从种植面积看，2016 年，欧洲青贮玉米 614 万公顷，占玉米总面积的 42%，其中法国 151 万公顷，占玉米总面积的 50%以上；德国 214 万公顷，占玉米总面积的 85%；美国 267 万公顷左右，占玉米总面积的 7%以上（丁光省，2019）。而我国青贮玉米种植面积占玉米总面积的 5%左右，占比差距较大。

《全国种植业结构调整规划（2016—2020 年）》提出，按照以养带种、以种促养的原则，因地制宜发展青贮玉米，提供优质饲料来源，就地过腹转化增值。为充分发挥青贮玉米在种养结合等方面的优势，2017 年，农业部制定了《青贮玉米生产技术指导意见》，从科学布局、选种、播种、水肥管理、收获、青贮等方面进行指导，助力玉米种植结构调整和农业供给侧结构性改革。据统计，我国能全年饲喂全株青贮玉米的奶牛和肉牛比例很小，2016 年奶牛存栏量为 1 500 多万头，肉牛存栏量 9 000 多万头，按照西方发达国家通常标准，1 头奶牛年需 0.2 公顷青贮玉米，肉牛按 0.13 公顷的标准，如果均饲喂青贮玉米就需 1 333 多万公顷的种植面积。由此可见，我国青贮玉米发展空间很大，市场前景广阔。

4. 产业发展

我国牧草产业有着良好的发展前景，但也存在着一些问题需要解决。

首先，尽快建立好优质优价市场机制。国产牧草存在的主要问题是质量低、优品数量少、商品国产自给率低，而且种植、收割、加工和销售全产业链完整规范的标准体系不健全。即使有些国产商品牧草与进口商品牧草的质量相当，但由于国内优质优价的评定体系不尽完善，很难获得大型奶牛企业的青睐，价格仍较低，同质不同价，无法像进口牧草一样赢得高端市场。

其次，大力做强牧草区域化发展优势，要像重视农作物和经济作物一样发展牧草产业，将宜草种植区域连片，形成规模优势和效益优势。我国“好地种粮，赖地种草”的做法长期延续着，种植牧草还是处于边缘发展，在一定程度上制约着牧草产业的发展。此外，我国在耕地上种植牧草或轮作大多是短期的或季节性的，以一年生牧草为主，种植多年生牧草（如苜蓿）难度较大。

再次，支持草业种植技术配套完善，在良田、良种、良法、良机配套体系上下功夫。我国牧草种植区域土地资源比较贫瘠，种植环境和条件相对较弱，而且种植技术、管理水平、灌溉技术体系、机械化程度有待发展，产业相配套的体系还未完全形成。

最后，提升牧草加工产业链水平。牧草质量不仅仅局限于种植出优质牧草，其加工环节对牧草质量影响至关重要。加快建立与种植区域相配套的加工产业，补齐三大饲草作物的发酵、包装、仓储运输等环节中存在的抑制产业发展的短板。

三、资源可持续利用实践：以河北和内蒙古甜菜为例

联盟及其合作机构自 2017 年开始，在我国甜菜规模优势产区实施以科学施肥和耕地养护服务为核心的“甜菜产业升级优化种植试验示范项目”。该项目将区域内的制糖业废弃物就地就近进行资源化利用，改良土壤结构，提升土壤养分，推动化肥减施增效。旨在解决“生产成本”这一产业痛点的同时，建立创新型农业服务模式，优化产业前端种植管理，加速推动绿色制糖循环产业链高效发展。

为探索和建立适于我国两大糖料作物种植的综合技术及服务体系，提供数据基础和理论依据，2017 年，联盟同时对我国糖料产业现状、甜菜及甘蔗等糖料作物的生产现状，以及我国重要糖料产区的生态种植模式等进行了系统地调研，并在两大糖料作物的土壤养分管理、规模化种植技术、机械化生产技术等方面做了初步探索。

（一）联盟实践

2018 年年初，联盟甜菜产业升级优化种植项目组对我国甜菜制糖业的地域迁徙情况进行了系统研究，分析归纳了导致糖厂迁徙的“种植业不可持续”因素和近期糖厂向北扩张的社会及经济因素。同时，在我国甜菜规模优势产区，实施以科学施肥和耕地养护服务为核心的甜菜产业升级优化种植小区试验，以提高规模化、集约化甜菜种植农场的市场竞争力。试验设在河北省张北县、内蒙古赤峰市翁牛特旗、呼和浩特市土默特左旗等 5 个不同地点。

试验通过 SFAC 不同产品技术组合与当地常规施肥的对比，以及对试验地生产全程的跟踪服务，探讨建立适于北方甜菜种植的科学施肥、土壤改良

与质量提升、农业技术服务等一整套技术模式。SFAC 组合产品分别由安琪酵母有限公司、武汉皓达农业科技有限公司、河北萌帮水溶肥料有限公司、汕头市微补植物营养科技有限公司、仲元（北京）绿色生物技术开发有限公司等提供。试验由武汉皓达等企业及联盟秘书处派员实施。

多地试验结果显示，与常规施肥相比，联盟组合处理均能明显提高甜菜的产量，平均每公顷增产量达 7.5～18 吨，增幅为 6%～25%。同时，与常规施肥相比，联盟不同组合处理在不增加生产成本的情况下均能提高甜菜糖度，增加量可达 0.34～1.39，增幅达 3.04%～12.10%。其中，内蒙古赤峰市翁牛特旗乌丹镇试验经中国作物学会甜菜分会理事长、副理事长等专家现场测产，试验地每公顷增产量 15 吨，较当地常规施肥增产 17.6%，糖度增加 1.15（图 3-5，图 3-6）。

图 3-5　内蒙古赤峰市甜菜田间试验效果（2018 年）

此外，联盟成员在甘蔗产区的一些关键性技术组合试验也取得可喜的结果。其中在广西横县和融水县的甘蔗试验中，增产 15%～40%，糖度提高 1 个百分点左右；在云南农垦总局黎明农场和长宁县甘蔗站基地的甘蔗试验中，增产 7%～20%，糖度提高 1 个百分点左右。

试验通过对不同地区存在主要问题技术解决方案的创新实践，建立了适于我国不同糖料种植的科学施肥、土壤改良与质量提升、农业技术服务等一整套节本提质增效的综合技术体系。发挥并推广了联盟成员技术与产品优势的同时，为食糖产业的种植业环节提供了优化种植技术及管理流程、提升土地产出率并保其生产可持续、降低原糖生产成本的年度生产样板，促进了甜

图 3-6　河北省张北县甜菜田间试验效果（2018 年）

菜产业的优化升级和废弃物循环利用，同样也符合制糖业中“糖料—糖—综合利用产品—回收物资源利用—糖料”的产业链循环经济的发展。

通过新型技术体系的发展和突破，期望对我国糖业综合生产能力的提升，尤其是种植业生产全过程对土肥水的管控技术方面有实质性创新推动。

（二）糖料作物产业

随着人类对食糖和生物燃料需求的增加，全球糖料作物种植面积逐渐扩大。2018 年，全球糖料作物（甘蔗、甜菜等）收获面积为 3 121 万公顷。食糖单位面积产量排名前五位的国家分别为秘鲁、危地马拉、塞内加尔、埃及和智利（甜菜），多属于热带气候，水力资源丰富。2015 年，欧盟、俄罗斯、印度、泰国、澳大利亚、墨西哥、巴基斯坦等产糖国的食糖自给率达 100%，美国的食糖自给率为 73% 以上，而中国由于价格动荡和国际保护性政策空缺，食糖自给率跳跃不定（数据来源：FAO）。

糖料作物种植业是糖业产业链的初始端，对糖业竞争力有着至关重要的决定性作用。长期以来，制糖企业“以质论价”收购政策落实不到位，企业与农民利益联动机制尚未形成。受经济建设和城镇化进程快速发展的影响，国内糖料生产成本持续上升，企业发展空间受到了极大地限制。更为严峻的是糖料作物种植产业配套技术体系不完善是导致其萎缩的内在原因，亟须国家政策扶持。

1. 糖料甜菜

随着甘蔗种植面积相对饱和，而人们对食糖和生物燃料需求仍在不断增加，推动了全球甜菜种植面积逐渐扩大。甜菜种植主要分布在欧洲和北美的发达国家及亚洲地区的温和气候带，2018 年，全球上有 68 个国家种植制糖用原料甜菜（数据来源：FAO）。甜菜全球种植面积 482 万公顷，占糖料总面积的 15.45%。2008—2018 年，全球甜菜糖料平均产量排前五位的国家依次是法国、美国、俄罗斯、德国、土耳其。2018 年，甜菜单位面积产量最高的五个国家是智利、比利时、法国、西班牙、瑞士。

我国甜菜的主要产区分布在北纬 40°以北的东北、华北和西北地区。由于种植方式和政策调整频繁，生产面积长期动荡。据国家统计局数据显示，由于市场等多方面的因素，我国食糖生产自 1999—2015 年持续下降，而到 2016/2017 榨季开始恢复性增长。2018 年，全国甜菜总种植面积 21.6 万公顷，除了其他地区 0.29 万公顷外，内蒙古、新疆、河北和黑龙江作为我国重要甜菜产区，面积分别达到 12.2 万公顷、5.7 万公顷、1.8 万公顷和 1.2 万公顷；全国甜菜平均单产为 55.8 吨/公顷，含糖率 15.5%左右，产量和品质有了一定提升，且仍有较大的提高空间。我国甜菜制糖企业演变及当前全国甜菜糖厂情况如图 3-7 所示。

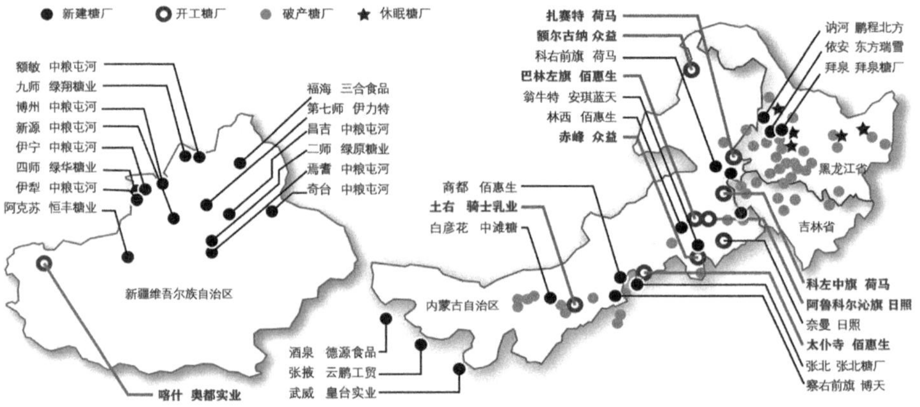

图 3-7　全国甜菜糖厂分布情况（2018 年）

（资料来源：国家糖料产业技术体系首席科学家、内蒙古自治区农牧业科学院白晨研究员在中国作物学会甜菜专业委员会 2018 年学术会议上的报告）

影响我国甜菜糖产业发展的主要原因有土地条件差，单产提高与含糖率下降之间的矛盾，重茬、迎茬占比过高，病虫危害逐年加大，规模化生产程度和机械化作业水平较低，生产成本较高等。通过纸筒育苗技术、新型灌溉技术、全程机械化栽培技术、测土配方施肥技术、糖业副产物高效还田技术、甜菜病虫害生物防治技术等先进适用技术和现代生产要素，实现甜菜生产经营方式的转变，提高甜菜生产集约经营水平，构建甜菜生产与销售集约化、专业化、组织化、社会化相结合的新型农业经营体系。

2. 糖料甘蔗

糖料甘蔗的单位面积产量很大程度上取决于气候和土壤。巴西是甘蔗糖产量最高的国家，2017 年约生产蔗糖 74 682.81 万吨，其次是印度，中国再次之，甘蔗糖产量为约 10 871.89 万吨（数据来源：FAO）。每年世界糖贸易中接近半数的糖来自巴西。亚洲也是重要的榨糖生产区，其中泰国、印度、马来西亚、印度尼西亚以及中国广西、云南地区，都盛产甘蔗。非洲、中美洲、大洋洲的南非、埃及和澳大利亚等国也生产一定数量的蔗糖。

甘蔗是我国制糖工业的主要原料，蔗糖产量占总产糖量的 90% 以上（中国糖业协会，2018 年）。据国家统计局数据显示，2017 年我国甘蔗种植面积约 1 128.5 万公顷，主产区为广西（87.6 万公顷）、云南（24.0 万公顷）、广东（16.9 万公顷）。2013 年广西、云南成为我国最大的糖料蔗生产基地，种植面积和产量均占全国糖料蔗面积和产量的 80% 以上，糖业也是两省（区）重要的支柱产业和农民收入的重要渠道（数据来源：中国糖业协会）。

影响我国甘蔗糖产业发展的主要原因是我国产业结构矛盾、机械化（特别是收获机械化）程度不高，引起种植成本居高不下以及生产资料价格高企，造成蔗糖原料成本偏高。扭转这一局面不仅要从国家的产业政策入手，更要从蔗糖业技术创新入手。通过结合实际种植需求来对各种先进的技术以及工艺进行积极引入，加快甘蔗全程机械化进程，改善甘蔗种植区域土壤肥力及灌溉设施等措施，降低甘蔗的种植成本。建立适应机械化生产的蔗田逆境治理复合种植体系和肥药轻简协同提质增效关键技术、蔗田收获剩余物药肥化高效还田技术、肥药精准投放养护技术，实现化肥农药双控两减。从土壤供给水平、甘蔗的生理需求和产量目标、有害生物种群动态以及资源配置进行大田管理。

总之，在甘蔗种植中，应该把甘蔗种植管理当成一项系统工程来看，在品种、土壤、气候、营养（养分和水分）、植保、生理、机械、栽培、管理（耕、种、管、收）、制糖（设备、工艺、技术、多元化发展）、市场、基础条件等每个关键环节配套科学的解决措施和方案。结合自身管理系统提高种植效果和高产增收实效性，不仅要对其进行技术革新，也要保证田间管理的实效性，真正从经济效益出发，升级种植体系，有效管理种植。在种植技术和田间管理中，要结合甘蔗栽培技术和地方实际特征，确保技术维度和控制要求能得到有效落实。只有积极践行高效高产的种植技术和田间管理技术，才能保证种植发挥其实际价值，更好地满足实际种植需求，为甘蔗种植的综合优化奠定坚实基础。

（三）糖业产业

甜菜和甘蔗是制糖工业的两大原料，全球有 130 多个国家生产甘蔗或甜菜。食糖的生产具有很强的气候性和区域性，主要集中于少数具优越地理条件的国家。甘蔗糖占全球食糖产量的 80%左右，其生产集中在巴西、印度、中国、泰国等几个主要国家，而俄罗斯、乌克兰、法国、德国、智利等国则以生产甜菜糖为主。2019 年，我国食糖总产量 641. 45 万吨，甘蔗糖 503. 97 万吨，占总产量的 78. 57%，甜菜糖 137. 48 万吨，占总产量的 21. 43%（中国糖网）。

中国既是世界食糖的生产大国，也是消费大国，食糖消费总量仅次于印度、欧盟。联合国粮农组织与经合组织（FAO－OECD）最新报告预测，2024 年，中国食糖消费量可能增至 2 236 万吨，将超越欧盟（1 872万吨）成为全球第二大食糖消费经济体。2016 年，农业部发布的《实施农业竞争力提升科技行动工作方案》，将糖料产业作为事关国计民生的 8 个重要产业之一，提出推进糖料作物种植、加工、销售全产业链深度融合。

1. 糖业副产品

制糖工业副产物包括糖蜜、酒精、废渣、滤泥等，因含有大量的残余糖、纤维和其他可发酵物质，可用于养殖业、种植业、食品轻工业、制造业，以及清洁能源的开发。糖业产业是资源再利用产业，具有较高的产业附加值，可形成完整的绿色产业循环链。而产业链后端的废渣、滤泥、废液再经处理加工，作为养料还田利用，既可以改良土壤，为作物提供养分，又可以减少对环境的污染，对促进废弃物资源循环利用和耕地可持续发展具有十分重要意义。

一般来说，100 吨甘蔗将产生 10～11 吨糖和 3～4 吨糖蜜，而 100 吨甜菜将产生 11～12 吨糖和 4～6 吨糖蜜。糖蜜可用作酵母、有机酸等发酵制品的底物或基料，也可用作某些食品的原料和动物饲料，具有较大的开发价值。甘蔗废渣含有大量木质纤维，可用作造纸原料，也可用于制造板材、活性炭、木糖醇、糠醛或食用菌栽培基质等。甜菜废渣中所含有的糖和可发酵物质是十分有价值的动物饲料，甜菜渣与糖蜜混合具有碎干草粗饲料和玉米饲料所具备的高能量特性。

糖料作物是生产可再生乙醇的主要原料，用作运输燃料可减少对石油的依赖。在巴西、美国等国家，甘蔗通常被认为是生物燃料生产中最重要和最有效的生物质能源。全球糖价和油价的联系十分紧密，最大的食糖生产国也同时是最大的糖基乙醇生产国。2016 年，巴西和美国生产的燃料乙醇占世界总产量的 86%。在印度、巴西、澳大利亚等重要产糖地区，成熟的甘蔗渣燃烧发电技术为当地节省了大量的能源，也为蔗农节省了生产成本。

2. 糖业产业发展

世界糖料总产量的 80%来自甘蔗，蔗糖原糖国际竞争力很大程度上决定着生产国糖业的国际竞争力水平。无论是食糖净出口国、净进口国还是基本平衡国，均将食糖作为战略物资实行重点管理，并配套实施了一系列生产扶持政策，保障产业发展。

我国的原糖贸易一直存在巨额逆差，糖业的国际竞争力不高。我国市场运行主要实行临储政策，产业链剧烈波动风险较大。因此，应构建以目标价格为核心的糖料生产扶持政策体系，稳定我国糖业的基本保障能力。糖料与食糖产业亟须构建“组合拳”产业政策体系，稳定生产者利益和产业发展。

受自然环境、产业发展规模等因素影响，我国糖料产量不稳定，糖厂生产成本高，制糖成本与世界主要食糖出口国差距较大。2017 年，我国吨糖成本分别是巴西、泰国、印度的 2 倍、1.7 倍和 1.6 倍，其中，原料成本约占 79%，加工成本约占 21%。单位生产规模小、基础竞争力先天不足，导致糖料成本偏高（内蒙古甜菜 70%实行机收，甜菜成本较甘蔗成本每亩低 700 元）。

因此，应加大中央及地方财政对基础性研究和产业升级的支持力度，提升糖料产业综合竞争力。加快开展抗病、抗逆、高品质、适宜机械化种植新品种的选育，积极推进节水、减肥、减药、病虫害绿色防治及全程机械化建设等节本高效综合栽培技术模式的研发；配合加快双高基地建设步伐，着力推进土地整合、节水灌溉和规模种植，改善糖料生产条件；加快优良新品种选育推广，优化糖料品种栽培结构，提高糖料良种覆盖率；全面推广综合农艺措施，包括测土施肥、深耕深松、地膜覆盖、甜菜纸筒育苗、病虫害防治等实用技术，为糖农提供适时技术指导，提高科学种田水平。通过综合施策，提高糖料单产和含糖率；推动土地流转整合，积极发展糖料种植大户、家庭农场和糖农专业合作组织；配合《糖业转型升级行动计划（2018—2022 年）》，提高甘蔗全程机械化应用范围，大幅度降低糖料和制糖生产成本。

四、家庭农场服务实践：以浙江衢州水稻为例

浙江省稻作历史悠久，河姆渡遗址出土的炭化稻谷表明，7 000 年前浙江就已开展水稻栽培。水稻一直是浙江省的主要粮食作物，具有种植面积大、产量高、机械化水平高等特点。据国家统计局数据显示，2017 年，浙江省水稻种植面积为62.07 万公顷，产量为444.9 万吨，分别占粮食作物总面积和产量的 63.5%和 76.7%。同期，水稻耕种收综合机械化水平达到74.9%，居南方稻区首位；稻麦机烘率超过 50%，居全国第三位（王月星等，2019）。

浙江省水稻生产面临以下几个主要问题。第一是人多地少。浙江人口达5 600 万人，耕地面积却仅为 197.67 万公顷，人均耕地面积只有 0.03 公顷左右，自给率不到 40%。第二是农民种粮效益低。2018 年，国家全面下调稻谷最低收购价，浙江省出台地方政策将稻谷最低收购价格提高 3 元/50 千克。而农资价格、土地租金、雇工成本也随之小幅上涨，尤其是耕地地力保护补贴对象扩大调整为耕地承包农户，对规模大户影响较大。第三是粮食规模经营程度低。2017 年，浙江粮食规模经营比例为 25%，粮食生产功能区比例仅为 41%。随着优质耕地数量逐年减少，土地流转价格刚性上涨。土地年租金超过 12 000 元/公顷将严重制约粮食规模经营发展，种粮效益总体偏低，粮食规模经营主体在土地流转竞标中较经济作物经营主体将处于劣势。第四是优质水稻比重较低。粮食收购价格没有体现优质优价，农民重产量轻品质现象突出。2017 年，浙江省部颁三级以上优质稻品种种植面积比例为 69.0%，低于全国平均水平，尤其是晚粳稻品质明显低于黑龙江、江苏等我国晚粳稻主产区。第五是抵御自然灾害能力较弱。浙江农田基础设施标准依旧较低，排水沟渠不配套，抗大灾能力依然较弱。水稻害虫、稻瘟病、稻曲病等病虫害，仍是水稻生产的隐患。因此，浙江省提出采取协同支持粮食生产功能区建设和耕地质量提升，构建水稻生产基础支撑体系、水稻生产科技支撑体系、水稻生产社会化服务体系等系列对策及措施，确保水稻生产得到稳定的发展。

（一）家庭农场

2013 年，中央一号文件首次提出“家庭农场”的概念。家庭农场是指以家庭成员为主要劳动力，从事农业规模化、集约化、商品化生产经营，并以农业收入为家庭主要收入来源的新型农业经营主体。也有学者认为，不同于传统意义上的家庭农业，家庭农场是以家庭经营为基础，融合科技、信

息、农业机械、金融等现代生产因素和现代经营理念，实行专业化生产、社会化协作和规模化经营的新型微观经济组织。它可以将传统农民转型升级为职业化、专业化的法人农民，是一种新型农业经营主体，也是农业现代化的重要组织形式（高强等，2013）。实践表明，家庭农场不仅能够适应传统农业发展的要求，而且也符合现代农业发展的方向。

目前，国外家庭农场已运行比较成熟（如美国、日本等），而我国还处于发展阶段。2008 年党的十七届三中全会决定中明确提出“有条件的地方可以发展专业大户、家庭农场、农民专业合作社等规模经营主体”。2013 年中央一号文件也明确指出，要“创造良好的政策和法律环境，采取奖励补助等多种办法，扶持联户经营、专业大户、家庭农场”。在中央及各地一系列扶持政策的支持下，我国家庭农场发展取得了初步成效。据农业农村部办公厅公告显示，截至 2018 年年底，全国纳入农业农村部门名录的家庭农场近 60 万家。这些家庭农场在保障重要农产品有效供给、提高农业综合效益、促进现代农业发展等方面发挥了重要作用。

浙江省利用当地自然优势，因地制宜，纷纷创建家庭农场。浙江省于 2013 年出台《浙江省关于培育发展家庭农场的意见》，以“适度规模、法人登记、示范创建、政策扶持”为总体思路，积极引导家庭农场健康有序发展。据报道，截至 2018 年 6 月，浙江省共有家庭农场 36 417 家，经营土地面积 289. 5 万亩，平均每个家庭农场经营土地面积为 79. 5 亩、劳动力 3 个、年销售农产品 44. 7 万元（浙江省农业农村厅，2019）。另据浙江省农业农村厅公告显示，该省 2019 年省级示范性家庭农场达到 1 419 家，新增 284 家。

（二）联盟实践

2018—2019 年，联盟多次组织成员赴浙江省衢州市江山市进行实地考察并经讨论确定，结合当地的种植和施肥习惯，实施以科学施肥和耕地养护服务为核心的产业升级优化种植试验，探索科学有效的联盟技术服务模式，提高规模化、集约化种植农场的市场竞争力。试验发挥联盟成员技术与产品优势，以提质增效为目标，对江山水稻种植产业技术进行优化升级，通过不同产品技术组合，探讨建立适于江山水稻生态种植的科学施肥、土壤改良与质量提升、农业技术服务等一整套技术模式。

江山市于 2014 年开始兴起家庭农场，50 亩以上可以办理家庭农场，到 2017 年已达 200 多家。江山某农场是当地第一批成立的规模较大的家庭农场，以水稻种植、烘干、稻谷加工等为主，种植面积达 5 100 亩。2017 年，该农场总收入（包括政府补贴）约 600 多万元，成本支出 500 多万元，收益约 100 万元。2018 年由于稻谷收购价格降低，估计收益降低至少 10 万元左右。收入主要包括卖给国家储备粮稻谷及商品出售稻米的费用，还包括国家补贴费用。国家订单收购稻米无论从数量还是价格上都呈下降趋势。该农场具有从水稻育秧、种植到收割、烘干、加工一条龙工作设备，还可为其他种植户提供机械插秧、加工等服务。但是存在地块分散、面积大小差异很大、部分地块没有水的保障等问题，导致有些地块无法实施机械操作，遇到干旱严重影响水稻产量。而且近几年，受政府补贴价格下调、稻谷收购价格下降、人工成本等的增加，农场的收益也受到很大影响。要想使农场突破当前发展中的瓶颈，一方面要提高稻谷产量和品质，另一方面针对不同地块分类管理，同时还要拓展稻米深加工产业链等。

2018 年，试验设在江山市大桥镇陈家村灵塘坂和大洋桥，以及大桥村严大坂三个地点，三处试验地均由该家庭农场经营。通过试验观测和分析发现，SFAC 处理的每亩穗重在陈家村和大桥村试验地分别为 1 033. 85 千克和 1 067. 20 千克，对照的每亩穗重分别为 833. 75 千克和 867. 10 千克，SFAC 处理较对照均增加了 200. 10 千克，增加比分别达 24%和 23%，能切实满足农场对水稻增产增收的要求。通过数据分析发现，在陈家村和大桥村试验地 SFAC 处理的平均穗粒数分别为 175 和 310，对照处理的穗粒数分别为 161 和 178，增加量分别为 14 和 132，增加比分别达 8. 9%和 73. 8%，表明 SFAC 处理能促进水稻的花芽分化以及提高水稻的结实率（图 3-8）。

图 3-8　浙江江山水稻田间试验（2018 年）

2019 年，在江山市贺村镇继续开展水稻示范试验。在其他管理措施相同的条件下，水稻收获后脱粒、计产得出，优化处理水稻平均亩产较对照增产 55.26%。本年度江山地区降水量较大，特别是在抽穗扬花期和灌浆期雨水较多，通常情况下会对水稻的花芽分化和营养物质的积累产生较为严重影响。但 SFAC 优化处理的水稻在返青期叶片更加浓绿，蜡熟期出穗更加均匀，穗数更多，灌浆饱满，而对照田块水稻出穗整齐不一，穗数较少（图 3-9）。

图 3-9　浙江江山水稻田间试验效果（2019 年）

江山水稻试验示范项目的开展是对建立新型的、适合现代农业发展的智能化农业服务平台的尝试，随着农业生产资料科学投入、农业机械化水平提升、农田基础条件改善，农业服务平台创新发展将有助于满足先进的、可持续的、适合农产品品牌效益提升的、生态环境持续改善的高端服务机制需求。

（三）全球水稻产业

水稻是稻属谷类作物，全球除了南极洲之外，几乎大部分地方都有水稻生长，是种植范围较广的作物之一。据 2018 年 FAO 统计数据显示，全球有 120 多个国家种植水稻，总种植面积接近 1.7 亿公顷。水稻是全球近一半人口的主要粮食作物，其中约 90%的水稻产于亚洲，并在亚洲等发展中国家消费。全球主要种植水稻的国家有中国、印度、印度尼西亚、孟加拉国、越南、泰国、缅甸、菲律宾、巴西和日本等。

根据国际谷物理事会（IGC）2020 年 3 月统计数据显示，2020/2021 年度全球大米产量预期达到 5.1 亿吨，同比上升 1.8%（图 3-10）。2018/2019 年度，全球大米产量前三个国家为中国、印度和印度尼西亚，大米产量分别占全球产量的 30.1%、23.6%以及 7.4%。

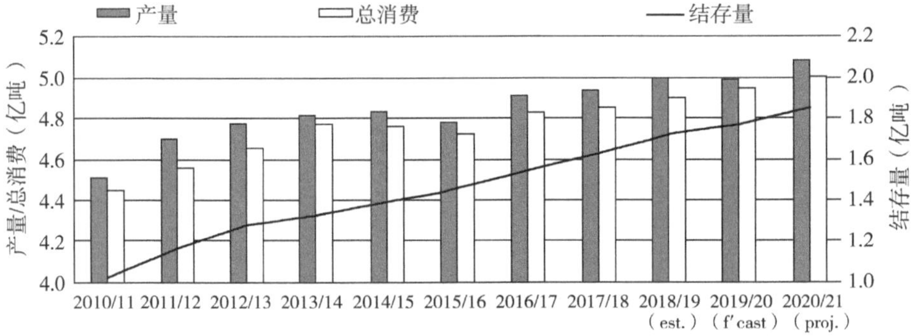

图 3-10　全球大米产量及消费量情况（2011—2021 年）

（资料来源：IGC）

据 FAO 统计数据显示，在 2017 年，印度出口大米 1 206 万吨，在各个大米出口国中排名第一（图 3-11）。我国是全球第一大米生产国，也是全球第一大米进口国（图 3-12）。2017 年我国进口大米为 398 万吨（加上边境非统计部分，进口数量还要多）。在过去的十年间，我国的大米进口量就增长了 9 倍，2013 年就已经成功夺得“全球最大的进口国”的头衔。

（四）我国水稻产业

我国水稻种植生态环境多样，品种类型各异，种植制度多种。长江中下游稻区包括上海、江苏、浙江、安徽、江西、湖北和湖南，是我国水稻主要产区，该稻区单季稻和双季稻均衡发展，长江以北江淮之间多实行稻麦两熟制，长江以南则多双季稻，种植的水稻品种多样化，双季稻早稻为

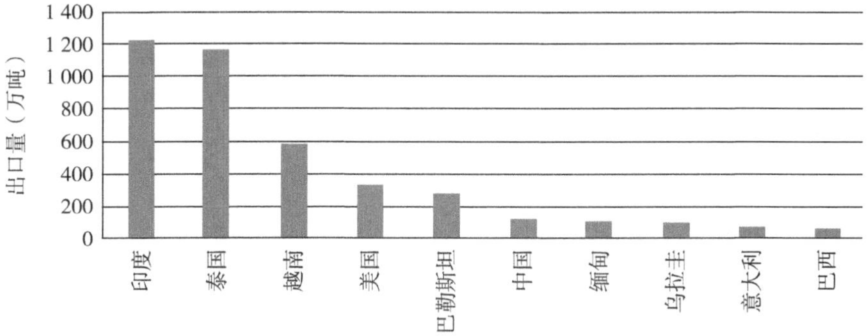

图 3-11　全球大米主要出口国出口量（2017 年）

（资料来源：FAO）

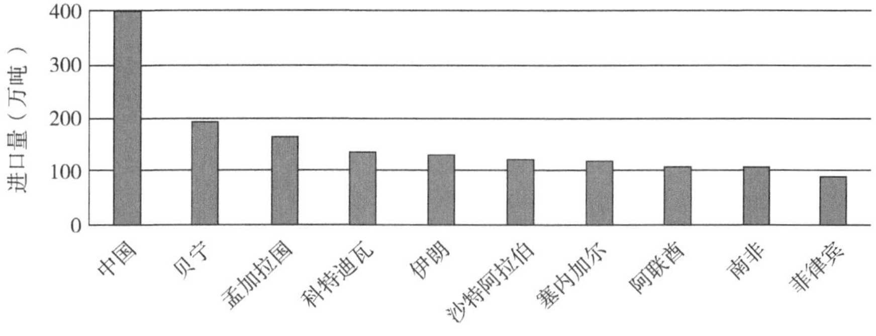

图 3-12　全球大米主要进口国进口量（2017 年）

（资料来源：FAO）

籼稻，双季稻晚稻在江西、湖南、安徽以籼型杂交稻为主，浙江有籼稻和粳稻；单季稻在上海、江苏、浙江北部为粳稻、其他地区以籼型杂交稻为主。华南稻区包括福建、广东、广西和海南，种植制度是以双季籼稻为主的一年多熟制，实行与甘蔗、花生、薯类、豆类等作物当年或隔年的水旱轮作。西南稻区包括重庆、四川、贵州和云南，主要种植单季稻，品种以籼型杂交稻为主，种植方式有手插秧、直播、抛秧、机插秧和再生稻，我国的再生稻主要分布在该稻区的四川和重庆。北方稻区以东北稻区为主，水稻品种主要为常规粳稻，由于冬季温度低，夏季生长季节短，稻田常实行水稻常年连作的一年一熟制，冬季休闲，部分稻田实行隔年水旱轮作，即“稻/稻/绿肥”“稻/稻/豆类”或“稻/稻/春小麦”，此种水旱轮作制度可改善土壤结构，提高肥力（朱德峰，2019；国家水稻产业技术体系，2017）。

稻谷是我国第一大粮食作物，据国家统计局数据，2010—2019 年，我国稻谷年播种面积约 3 000 万公顷，年产量约 2 亿吨，单产呈上升趋势，其中 2019 年达到 7 060 千克/公顷（图 3-13），播种面积、总产和单产均居粮食作物首位。

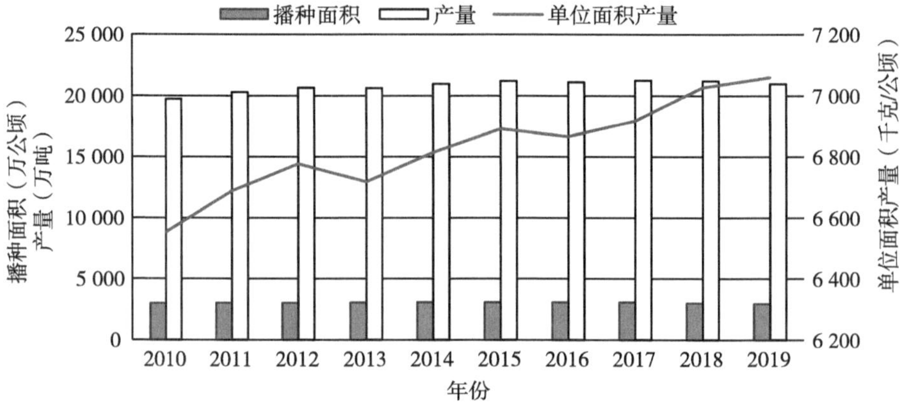

图 3-13　我国稻谷种植面积、产量和单产变化趋势（2010—2019 年）

（资料来源：国家统计局）

伴随国际大米贸易量的日益增长，大米出口国之间的竞争也越来越激烈。我国作为世界粮食生产和消费大国，大米又是占了一半消费量以上的重要粮食及经济作物，我国大米的进出口有着平衡国内需求的重要作用，并对国际大米市场产生了重要深远的影响。据国家统计局数据显示，2018 年，我国稻谷和大米累计进口 308 万吨，同比减少 23. 57%。2018 年，稻谷和大米出口速度继续加快，出口量 208. 93 万吨，同比增加 74. 57%（图 3-14）。我国稻谷和大米正在以极具竞争力的价格扩大其在国际市场的份额。

水稻是我国最重要的口粮作物。据国家统计局数据显示，自 2004 年以来，我国水稻生产进入持续增产阶段，特别是单产从 2003 年的 6 060 千克/公顷提高到 2019 年的 7 060 千克/公顷，提高了 1 000 千克/公顷，为保障国家口粮需求作出重要贡献。然而，在水稻单产连续取得突破的同时，化肥农药盲目过量施用、土壤酸化和板结、农业面源污染等问题日益突出，主要表现为以下几个方面。

第一，资源环境压力增大。随着城市化和工业化水平的提高，全国城镇用地每年需要占用不少土地，且多数是优质耕地；耕地复种率高、利用强度

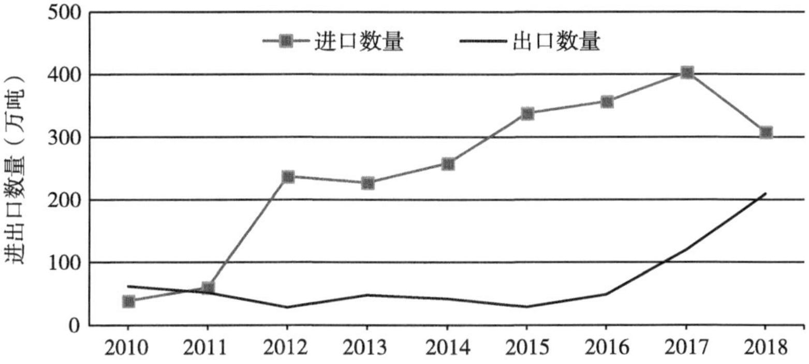

图 3-14 我国稻谷和大米进出口数量变化（2010—2018 年）

（资料来源：国家统计局）

大，东北黑土层变薄，南方重金属污染严重。化肥、农药等农用投入品使用量大，有效利用率低，产能粗放，农业副产品和废弃物资源利用率不高，导致农业面源环境污染加剧生态、平衡破坏，可持续性发展动能不足，严重威胁着我国稻米质量安全和农业生态环境安全。

第二，劳动力短缺。农村青壮年劳动力大规模向城镇和非农产业转移，农村劳动力数量不断减少，素质呈结构性下降，难以满足现代农业发展需求，轻简高效、机械化稻作技术及装备需求迫切。

第三，种植成本刚性增长。近年来，中国稻谷生产成本不断增加。在第二届全国优质稻品种食味品质鉴评暨国家水稻良种重大科研联合攻关推进活动中，中国水稻研究所程式华研究员指出，2017 年，稻谷亩均总成本 1 210 元，比 2003 年增加 794 元，增加 1.9 倍。其中，人工成本、土地成本、机械作业费分别是 2003 年的 2.2 倍、3.1 倍和 6.5 倍。成本增加、价格低迷、效益下降，影响农民水稻生产积极性。

第四，突破性创新成果不足。中国自 20 世纪 90 年代以后没有出现突破性种质资源，对全球稻种资源的研究缺乏系统性，野生稻有利基因利用缓慢。尽管中国功能基因组研究取得显著成就，但对已克隆基因的分子调控机制了解还不透彻，育种利用率低。此外，适宜机插、直播、再生稻等轻简化生产的品种和技术储备不足，适宜各环节生产需求的农机研发、农机农艺融合等全程机械化技术到位率不高。

第五，结构性矛盾较为突出。东北稻谷占全国比重持续提高，南方销区缺口不断扩大，粮食流通、运输发展滞后，市场调控难度增大，产销区供需矛盾突出；政策性库存高，稻谷拍卖成交低迷、出库困难，国家库存不断增加。消费结构升级对口感佳、外观好的中高档优质稻米需求增加，与以普通稻为主的生产结构相矛盾；南方粳米消费增加，与以“南籼北粳”为主的生产结构相矛盾。

面对人口刚性增长和水稻生产存在的诸多制约因素，需要发挥科技和政策优势，积极采取有效的应对措施，促进水稻产业健康发展。一是推进稻米供给侧结构性改革，确保稻米供需平衡。二是加快水稻科技创新，引领水稻产业发展。三是转变水稻生产方式，促进水稻产业可持续发展。四是建立健全市场监管体制，保证水稻产业的健康有序发展。五是强化风险管理，提高自然灾害应对能力。“仓廪实，天下安；稻粮欠，天下乱”，只有坚定不移地坚持粮食安全理论创新与实践创新，实施“藏粮于地、藏粮于技”战略，走一条中国特色的粮食安全之路，才能为国家长治久安奠定坚实的物质基础，才能为维护世界粮食安全作出应有的贡献。

参考文献

丁光省，2019. 从欧美青贮玉米产业发展看我国之差距［J］. 中国乳业（4）：30-35.

丁光省，2018. 我国青贮玉米发展现状及发展方向［J］. 中国乳业（4）：2-8.

方福平，程式华，2018. 水稻科技与产业发展［J］. 农学学报，8（1）：92-98.

高强，刘同山，孔祥智，2013. 家庭农场的制度解析：特征、发生机制与效应［J］. 经济学家（6）：48-56.

国家水稻产业技术体系，2017. 中国现代农业产业可持续发展战略研究水稻分册［M］. 北京：中国农业出版社.

国家甜菜产业技术体系，2017. 中国现代农业产业可持续发展战略研究甜菜分册［M］. 北京：中国农业出版社.

全国畜牧总站，2018. 中国草业统计 2017［M］. 北京：中国农业出版社.

王月星，王岳钧，2019. 浙江省水稻生产现状与发展对策［J］. 浙江农业科学，60（2）：177-179，183.

向华，宗义湘，赵帮宏，等，2019. 大理州大蒜产业发展现状及问题分析［J］. 中国蔬菜（9）：7-12.

叶海键，姚子期，李彬，2018. 浙江水稻成本要素投入产出的比较［J］. 浙江农业科学，59（6）：1066-1070.
张跃彬，等，2013. 现代甘蔗糖业［M］. 北京：科学出版社.
浙江省农业农村厅，2019. 浙江多措并举培育家庭农场［J］. 农村经营管理（3）：37.
朱德峰，张玉屏，陈惠哲，等，2019. 我国稻作技术转型与发展［J］. 中国稻米，25（3）：1-5.

第四章 土壤肥料产业活动（2016—2019）

在深化供给侧结构性改革、农业产业升级和绿色发展的大背景下，土壤肥料产业面临着化肥减量等一系列行动带来的行业转型问题，也面临着食品安全、生态环境安全、耕地资源和水资源双重约束、农业生产成本增加等关系民生、经济、生态、资源的一系列问题。

2016年，在中国农业科学院的大力支持下，在有关行政主管部门领导、资深院士、科技专家、知名企业家的见证下，土壤肥料产业联盟成立。

联盟承诺，要认真贯彻执行国家关于土壤肥料产业发展的方针、政策，积极参与有关技术标准、认证制度、行业规范及服务标准等制定；要坚持市场化原则，充分发挥企业的主体作用，妥善处理好联盟成员之间的分工、协作关系；要搞好产业链上各环节的对接，组织凝练土壤肥料产业发展的核心、关键共性技术，在分工协作的基础上依托优势单位开展研究攻关；积极学习、借鉴国内外其他产业联盟市场开拓的成功经验；充分发挥各成员单位在市场开发方面的优势，及时总结和推广一些好的做法；加强对存在困难和问题的调查研究，形成意见和建议，向国家有关部门反映，争取政策支持。期望联盟能全面深化交流与合作，促进联盟成员间的信息共享、技术交流和联合攻坚，同时搞好与国内外相关组织和企业的全方位、多形式的技术交流与合作。联盟亦承诺，在不断完善自身组织建设的同时，践行组织调研行业问题，为政府提供决策支持；搭建合作交流平台，促进成员间合作共赢；建立行业自律制度，完善行业自律约束机制；建立行业大数据，推动农业“互联网+”发展；加强国际合作和交流，吸收先进技术和经验。

开展研究与实践，联盟围绕既定方向，各项工作从田间地头开始，现场调研、实地观摩、深入了解行业需求，以推动土壤肥料产业向良性可持续的方向发展；通过典型区域、不同作物开展试验，验证技术成果、探索服务模式、整合区域范围内废弃物资源，以建立适应区域内实际情况的种植模式；从企业生产实际开始，交流展示联盟成员的新技术、新模式；推动具有产业前沿技术优势的企业协同发展，促进肥料和土壤调理剂的标准化、产业化建设。

开展研究与实践，联盟与中国农学会农业分析测试与耕地质量评估分会、中国植物营养与肥料学会农化服务工作委员会、中国土壤学会土壤分析技术委员会、中国绿色食品协会生产资料专业委员会、中华全国工商业联合会农业产业商会、中国化工信息中心、中国氮肥工业协会、中国磷复肥工业协会等行业机构、组织密切协作，迈着坚实的步伐，沿着交流探索、产业实践、融合协作再到科技体制创新平台建设的脉络，在祖国从南到北的大地上，留下前行的足迹。

一、2016 年：产业调研

2016 年是联盟各项工作的起步之年，本着“从实际出发，服务于实践”的原则，联盟面向当前我国农业生产实际着重开展多项调研与交流活动。一方面，重点就不同区域联盟成员所取得的阶段性成果进行交流和调研，为成员提供交流经验、联手发展和终端服务的平台。另一方面，为满足我国现代农业发展，结合种植大户、合作社等新型农业生产主体需求，针对我国主要农作物种植区的不同施肥服务模式展开调研。此外，为应对我国日益严重的土壤障碍问题，针对盐碱土壤、酸化土壤、污染土壤等区域化障碍土壤进行改良技术方案调研；针对我国主要农业废弃物资源及其资源化利用技术和应用状况进行调研，探索我国有机肥料产业发展方向，为发展循环经济和耕地质量提升提出建议。

（一）土壤肥料产业协作新平台

2016 年 2 月 27 日，土壤肥料产业联盟在北京正式成立。来自农业部、全国人大环资委、国土资源部门、环保部门、国家标准化管理部门以及中国植物营养与肥料学会、中国土壤学会、中国石油和化学工业联合会所属协会、中华全国工商业联合会农业产业商会、中国农业技术推广协会、中国绿色食品协会等重要机构、省级部门的领导、专家出席了成立大会，还有来自企业的 300 多位代表参加会议，共同见证这一贯穿整个农业产业链的行业组织的诞生。

“让千年农耕古国，重返万里沃土的黄金时代”，作为未来土壤肥料产业发展的愿景进入人们的视野。会上，联盟成员联手发出倡议，倡导以农业生产需求和耕地生态环境可持续发展为主旨，全面提升我国土壤肥料行业综合水平和农产品的市场竞争力，为新时期国家粮食和食品安全、现代化农业发展、生态文明建设做出贡献。大会还特邀专家，围绕提升耕地质量、关注土壤健康、建立肥料上下游产业链的和谐关系等内容进行交流，将土壤安全、肥料安全问题提升到一个新的高度。

中国农资传媒

中国农资传媒集团是集报刊、网络于一体的综合传媒机构，致力于以资讯推动我国农业发展。近年来，中国农资传媒在推动我国农业绿色发展、节能减排、化肥零增长行动方面做出了诸多贡献，其举办的“中国国际水溶性肥料高层论坛”推动了我国水溶肥行业的发展。

中国农资传媒网是中国农资传媒集团在国际互联网上建立的综合性、服务性门户网站，也是以“中国农资传媒”为运作实体，以《中国农资》周报为核心，集周报、月刊、网站、手机报、中国农资总裁圆桌论坛为一体的网络平台。其报道内容涉及：三农新闻、市场评述、价格信息、企业动态、国际市场、农资人物、市场营销、农化服务、原料信息、政策法规等主要栏目，涵盖氮肥、磷肥、钾肥、复合肥、新型肥料、农药、农机、种子、社区等方面的详细信息。

（二）建言土壤污染防治法

联盟成立之日，恰逢《土壤污染防治法》草案初步拟定完成，该草案由全国人大环境与资源保护委员会牵头起草，并由环资委内部审议通过，正式公开征求意见。全国人大环资委法案室翟勇主任出席联盟成立大会，并在大会访谈环节中对《土壤污染防治法》立法过程中的难点和要点进行了介绍。随后，参加成立大会的部分联盟成员及业界专家参与了《土壤污染防治法》起草征求意见座谈会，从农业产业从业者、农业科研人员的角度，针对草案中土壤的污染范围界定等立法的技术背景提出了建议。

（三）区域障碍土壤改良调研

联盟成立初期，为满足我国现代农业发展，结合种植大户、合作社等新型农业生产主体的需求，针对我国主要农作物种植区的不同施肥服务模式和区域化障碍土壤改良技术方案分别展开调研。

4 月，联盟在四川组织召开酸性土壤改良区域试验及市场需求现场交流会，联盟常务理事成员代表以及涉及土壤调理剂生产的理事成员代表一行 40 余人，走访了成都华宏生物科技有限公司、成都新朝阳作物科学有限公司、成都天杰有机农业发展有限公司及推广示范基地，跟踪区域化障碍土壤改良综合技术方案所取得的成效，了解相关土壤调理剂产品市场需求，以及种植大户在施肥模式和耕地养护服务等方面的实际需求。此次活动采取基层企业实地走访方式，旨在为联盟成员借鉴经验、联手发展、服务终端提供交流平台，这也是联盟探索和推进现代农业创新模式的良好开端。《酸性土壤改良区域试验及市场需求现场交流会 会议手册》编录了联盟成员在不同区域土壤改良、施肥服务和废弃物资源利用等方面的创新模式和成果，为其他成员提供了值得借鉴的宝贵经验。

（四）废弃物资源利用调研与交流

为探索我国有机肥料产业发展方向，针对我国主要农业废弃物资源及其资源化利用技术和应用状况，联盟开展一系列调研活动。

7月中旬，联盟组织成员单位赴华北制药集团和石家庄东华金龙化工有限公司，了解阿维菌渣等药渣、氨基酸浓缩液等废弃物资源利用情况。为使排放达到要求，企业投资延伸后端产业链，生产符合标准的肥料产品，并取得了一定的进展。7月下旬，联盟参加北京市土壤学会赴山东青州调研蔬菜秸秆废弃物资源肥料化利用有关情况，走访了山东沃泰生物科技有限公司，并与山东省土肥站、潍坊市土肥站、青州市政府、山东省农业科学院等相关部门进行了座谈。沃泰集中收储当地设施园艺种植废弃物生产有机肥料，机械设备、加工生产设备等规模化水平创新取得了较好的效果。

9月，联盟在云南召开废弃物资源利用现场交流会，调研农业企业果蔬试验点、咖啡种植基地、秸秆处理基地、花卉种植试验点以及产学研合作的均衡施肥示范点等。重点就不同区域联盟成员所取得的阶段性成果进行了交流和调研。调研了解到，施用以农业废弃物资源为原料的土壤调理剂，配合水肥一体化技术及良好的耕作种植模式，在土壤改良、土壤生态环境改善和作物增产提质等方面具有良好的实践意义。《云南现场交流会会议手册》介绍了云南省土地资源及特色产业，编录了会议期间走访的企业及产品简介、产业链营销模式、成效与经验以及发展需求等内容，并对生态农业的概念进行了概述，阐明健康土壤和高效施肥模式是高效农业的基础。

12 月，联盟与中国农学会农业分析测试与耕地质量评估分会联合在南京举办“农业废弃物利用与耕地质量提升专题论坛”。此次论坛是耕地质量评估分会正式由中国农学会批准成立以来的首次理事会。论坛上，来自科研单位、高校的专家以及联盟企业代表分别做了专题报告，内容围绕秸秆和畜禽粪污还田利用、工厂化加工处理等综合利用技术创新、机械设备开发、社会化服务体系建设、典型案例模式及区域性耕地生态系统等。本次专题研讨为联盟在探索我国农业循环经济发展和耕地质量提升方面提供了依据。《农业废弃物利用与耕地质量提升专题论坛 会刊》收录了论坛中所有发言专家的个人简介及报告综述，视角广阔、内容丰富，在推进废弃物优化利用与土壤肥料产业健康发展的过程中具有很强的借鉴价值。

新时期我国农业正从传统的“原料资源—加工产业—废弃物”的线性生产方式向“原料资源—加工产业—废弃物资源—再生资源利用”的循环农业生产方式转变。在循环农业中，废弃物资源化利用是非常重要的环节，尤以畜禽粪污的无害化处理和资源化利用最为关键。农业废弃物资源化利用需要走向规模化、标准化；废弃物的资源化利用技术需要结合水肥管理和种植技术；各地区应结合实际高效利用现有的资源；相关部门和体系之间需要加强配合与协作，共同为我国循环农业发展贡献一份力量。

中国农学会农业分析测试与耕地质量评估分会 www. caass. org. cn

1997 年，中国农学会农业分析测试分会依托于中国农业科学院土壤肥料研究所（现更名为中国农业科学院农业资源与农业区划研究所），主要业务包括肥料管理技术法规及标准化体系建立和完善、肥料和土壤调理剂的评价研究、土壤肥料产业发展动态研究等。

2016 年，经中国农学会常务理事会批准，在原“中国农学会农业分析测试分会”基础上，更名组建了“中国农学会农业分析测试与耕地质量评估分会（Agricultural Analysis and Testing and Cultivated Land Quality Assessment Branch of China Association of Agricultural Science Societies）”（以下简称“分会”），分会增加并重点围绕科学施肥、土壤改良与生态修复、畜禽粪污资源优化和堆肥标准化利用等内容开展工作。

基于土壤肥料国家技术平台，分会围绕土壤肥料行业发展需求，一直致力于肥料和土壤调理剂标准技术体系的建设，已完成肥料和土壤调理剂产品、方法、评价等标准 50 多项。分会立足发展循环经济、废弃物农用，促进耕地质量提升，大力开展烟气脱硫石膏、味精发酵副产品、硝酸磷肥副产品、餐厨废弃物、碱业副产品、海产养殖副产品等的调研、安全风险评价研究工作，推动工农业废弃物资源化、安全化、标准化、有效化利用。围绕科学施肥和养分管理，对联合国粮农组织（FAO）的“肥料可持续使用和管理国际行为规范”，分会联合发起在全国农业科研单位、大专院校、管理和推广等部门广泛征求意见，希望根据我国土壤养分管理、农业废弃物循环利用和科学施肥等现状及发展愿景，提出契合我国国情的方案及建议，为全球土壤健康和可持续发展提供依据和指导，相关建议和意见得到了粮农组织（FAO）的认可。

（五）区域性生态治理实践项目

9 月，联盟启动了“大理州大蒜试验示范及推广项目”。围绕化肥减施与土壤改良，项目组在大理市上关镇大排村安排了大蒜生态种植试验示范，在高效利用当地农业废弃物资源的基础上，实施平衡施肥，减少化肥投入，减轻洱海的农业面源污染。该项目被列为联盟生态农业产业模式的重要试点之一，通过高效利用农业废弃物资源，减少化肥用量，解决大蒜种植的连作障碍问题，有效遏制种植业、养殖业对洱海的面源污染，旨在做强大理生态农业产业。

联盟提出的生态种植模式，可将洱海流域的农业废弃物资源充分转化为改良土壤生态的重要媒质，通过调控灌溉方式，使所施用的肥料保留在耕层土壤中，减少或阻断其流失。多项观测数据显示，联盟设计的优化种植方案有利于土壤温度升高和大蒜生根发芽，出苗齐，长势旺，茎粗和株高明显占优。

12 月上旬，在云南大理组织的大蒜减肥增效现场会，充分展示了联盟围绕“减化肥用量，还洱海洁净”所做的终端施肥模式创新的阶段性成果。《生态农业产业模式 大理州试验示范及推广项目进展报告》汇编了项目的阶段性成果，内容包括大理农业概况、大理州大蒜种植概况，以及试验设计方案、工作简报和联盟参与企业的成果介绍等。

（六）产业需求下的标准化研究

我国肥料和土壤调理剂标准化体系经过多年发展取得了显著的业绩，由注重生产环节标准向科学施肥标准化方面侧重，由注重基础标准向安全监督管理标准化方面侧重，由注重肥料标准向土壤调理剂标准化方面侧重等，对产业发展起到了重要作用。但是现有的标准体系仍需在农业产业可持续发展方面，尤其在土壤肥料产业层面进一步提升和拓展。

在海洋资源利用方面，联盟企业贡献力量和水准居高，山东企业区域优势十分明显。有机水溶肥料对原料和加工工艺要求较高，联盟积极探讨有机水溶肥料行业需求，展示成员发展成果，推动标准化研究进程，对促进和推动有机水溶肥料行业发展具有十分重要的意义。5 月，联盟与中国农业科学院农业资源与农业区划研究所联合在山东青岛组织召开肥料中海藻酸、壳聚糖含量测定方法技术交流会。中国农业科学院介绍了海藻酸、壳聚糖的检测方法研究背景和概况，探讨了海藻酸和壳聚糖的测定方法研究进展，中国海洋大学和青岛海大生物集团有限公司就海藻酸、壳聚糖的测定方法研究工作进行了交流。会议还聚焦相关理论依据，就方法存在的问题和困难进行了深入地探讨，并提出下一步的标准研究方案。

（七）UAN液体肥料试验示范推广项目启动

2016年，联盟全面参与由中国氮肥工业协会、中国农业科学院农业资源与农业区划研究所以及生产企业联合发起的液体肥料试验示范推广项目。项目初期，在8个省（区）、4种大田作物上共布置了11个小区试验和23个示范试验，内容主要是液体氮肥（UAN）与常规固体氮肥及氮肥减量施用的效果比较。

相对于传统固体氮肥，液体氮肥（UAN）产品稳定、杂质少、腐蚀性低，具有很好的兼溶性、复配性，能与非碱性的助剂、化学农药及肥料混合施用。生产过程无烘干造粒环节，可节约能耗。且其所含的氮比较容易被作物吸收和在土壤中转化，属于高效、环境友好型肥料。液体氮肥在我国发展起步较晚，国内用量十分有限，未能发挥出优良效能。本项目从肥料利用率和耕地质量方面评价液体氮肥的应用效果，为解决其销售链中的瓶颈问题提出方案，也将为今后大面积推广应用提供科学依据。

中国氮肥工业协会 www. cnfia. com. cn

中国氮肥工业协会（China Nitrogen Fertilizer Industry Association）是以氮肥、甲醇、水溶肥料、合成氨及氨加工产品等生产企业为主体，相关贸易商、技术、设备制造单位、科研院所、高等院校和相关行业协会共同参与自愿组成的自律性和非营利性的全国性行业组织。协会接受中国石油和化学工业协会和国家民政部的业务指导和监督管理，是跨地区、跨部门、跨所有制的全国性氮肥行业组织。协会的宗旨是为政府、为氮肥企业双向服务，在政府和会员之间起桥梁纽带作用，推动氮肥工业发展。

经历了10年的飞速发展后，氮肥企业都面临着资源、环境、产能、需求的多重挤压。“十三五”期间，氮肥工业协会带领氮肥企业努力推动氮肥产业的转型升级，扭转“十二五”期间的亏损。减少传统氮肥的生产，大幅提高以非无烟煤为原料的产能比重，削减落后产能，提升产能利用率。同时，协会注重与农业产业融合发展，为实现氮肥投入与作物需求相匹配，高效利用氮肥，中国氮肥工业协会与包括SFAC在内的多个科研机构合作，在全国多个地区开展尿素硝酸铵溶液（UAN）试验示范推广项目，研究、推广以液体氮肥替代传统尿素，并取得阶段性成果，有效推动UAN在我国农业应用方面的良性发展，同时开展的新型肥料质量控制与评价国家课题进展顺利。此外，氮肥工业协会还组建成立了分支机构——氮肥工业协会水溶肥分会以推动我国水溶肥行业的快速发展。

在中国氮肥工业协会积极推进行业技术创新、节能减排、结构调整的多项努力下，氮肥行业保持了平稳发展态势，转型升级迈出了新步伐：技术创新取得新突破、原料结构进一步优化、产品结构调整取得积极进展。

二、2017年：区域实践

2017年，联盟从农业服务供给侧创新和产业实践着手，成员间积极合作，各项工作取得了显著进展。一方面从化肥减施增效、土壤培肥改良和有机废弃物还田利用等角度，探索解决洱海面源污染和土壤连作障碍问题，联盟成员自愿联手实施的大理大蒜生态种植试验示范及推广项目顺利收官，为存在高施肥情况的生态脆弱区提供了安全合理的减肥方案。另一方面与全国畜牧总站共同研究畜禽粪污肥料化利用方向，开展系列调研和技术研讨工作。还从废弃物资源化利用和生态文明建设的角度，科学审慎研究以烟气脱硫石膏、味精发酵尾液、餐厨废弃物等工农业废弃物为原料的土壤调理剂及其合理使用问题等。

（一）建言两会

为推动农业产业链健康发展，2017年两会期间，联盟委托全国人大代表提交了三个建议："关于建立海藻肥料质量标准，以政策法规提升海藻资源农用价值的建议""关于推动土壤调理剂产业发展，施行改良效果责任追溯的建议"和"禁止滥用草甘膦除草剂，推广生物环保除草技术的建议"。

三个建议的提出对海藻资源农用、土壤调理剂改良效果追溯、土壤污染和粮食安全等问题提供了解决方案。其中，土壤调理剂产业发展的建议由内蒙古农牧业科学院资源环境与检测技术研究所所长姚一萍委员在两会上提出，她指出在耕地地力保护与提升、化学肥料减施、高效施用技术、废弃物资源化利用、土壤污染修复等方面，应支持土壤调理剂产学研用协同攻关，实施相关重大科技工程。同时，应建立土壤改良效果责任追溯制度，保证投入和产出达到科学、实效的要求。另外，应进一步完善技术标准体系，研究制定或修订土壤调理剂的相关检验方法、安全评价和应用技术的规范等，为土壤调理剂企业的规范发展提供依据。

（二）交流探索农业服务供给侧创新

技术发展论坛是联盟开展的重要活动形式之一，目的是发挥联盟技术平台优势，使联盟成员联手活跃在产业发展的前端，论坛所产生的重要建议和问题将通过可行的渠道反映和宣传，推动土壤肥料产业健康发展。

2月，联盟与中国农业科学院农业资源与农业区划研究所联合在广东汕头主办"农业服务供给侧创新与土壤肥料论坛"，来自55家联盟成员单位代表及农业领域领导、专家、企业家等共150余人参加会议。论坛聚焦农业供给侧改革政策解读、经济新常态下中国农业投资环境和机遇、多元化经济模式下农业服务的发展方向，以及农业废弃物利用、液体肥料产业升级等热点问题。论坛特邀农业部农村经济研究中心宋洪远主任、中国社会科学院农村发展研究所李国祥研究员、中国植物营养与肥料学会理事长白由路研究员等作大会主旨报告。访谈环节，与会联盟成员还围绕“农业供给侧与绿色发展”“农业金融投资新机遇”“农业服务创新模式”等方面讲认识、谈体会、提建议，进行了充分交流和积极讨论，为构建互融互通合作机制形成了良好的开端。

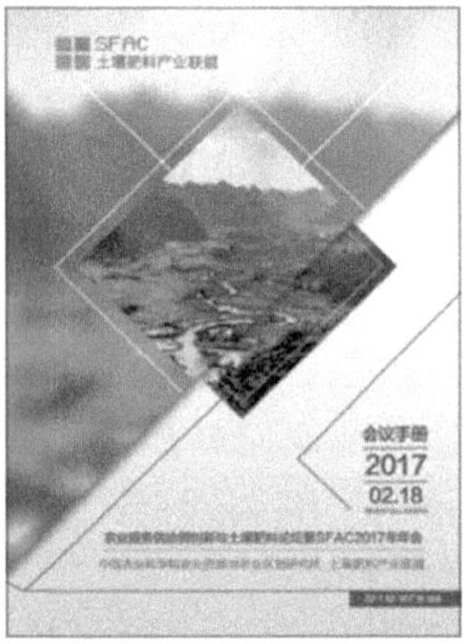

中国绿色食品协会 www. greenfood. agri. cn/lsspxhpd/

中国绿色食品协会（China Green Food Association）是由全国从事绿色食品、有机食品、无公害农产品及农产品地理标志管理、科研、教育、生产、贮运、销售、监测、咨询、技术推广等活动的单位和个人，为了共同的目标而自愿组成的具有法人资格的非行业性、全国性、非营利性社会组织。是全国先进社会组织。在绿色食品事业中发挥协调、服务等作用。

多年来，协会在绿色食品生产资料认证、诚信体系建设、品牌培育和市场流通体系建设等方面做了大量卓有成效的工作，为提升绿色食品品牌认知度和影响力，推动绿色食品事业又好又快发展起到了重要的促进作用。绿色食品协会已经成为我国具有一定行业代表性和社会影响力的社会组织，为服务“三农”工作做出了积极贡献。

2003 年，“亚太地区绿色食品与有机农业市场通道建设国际研讨会”上，中国绿色食品协会提出了建立本区域组织，开展“绿色农业”理论研究及“绿色农业”运动，建立适合亚太地区发展现状的“绿色农业”体系，并通过市场通道建设，进一步加强国际合作，以更好地推动亚太地区的农业发展的倡议。经与联合国亚太经社理事会农村发展部主任盛亚科先生等官员认真研究讨论，该倡议得到了会议认可和赞同，并作为会议后续行动建议向整个亚太地区发出倡议。

6 月，联盟与中国植物营养与肥料学会、中国农学会农业分析测试与耕地质量评估分会共同在北京举办“肥料和土壤调理剂技术发展动态及农化服务交流会”。会议围绕水溶肥料、缓释肥料、肥料增效剂、土壤调理剂等产品的技术标准体系及肥料标签相关法规进行交流。此次会议结合中国农学会耕地质量评估分会职责基点，梳理了不同原料土壤调理剂的产业发展动态，为解决肥料企业与农户之间的有效互动、如何利用联盟优势横向开展农化服务、纵向开展服务模式研究，以及肥料标准制修订的产业着眼点等关键问题提供了重要的参考佐证。

（三）优化生态种植与产业升级实践

4 月，联盟成员自愿联手实施的“大理大蒜生态种植试验示范及推广项目”取得了阶段性成果。联盟在云南组织召开了大理大蒜试验示范效果交流会，联盟成员单位及来自大理州农业局、农科院、农技推广部门的 30 余位代表参加了会议。会上项目参与者们表示，目前洱海的化肥减量有很大的空间，联盟的优化种植技术是基于当地的传统种植模式，经过充分调研后形成的技术方案，充分发挥了联盟成员的产品组合和技术服务优势，测产数据显示的试验结果喜人。项目组还结合大蒜的营养及品质指标测定与经济效益分析，以及项目区土壤质量变化和区域生态效益评估，对项目实施效果进行了全面总结。结果表明，优化种植模式实现了生态效益和品牌效益双丰收，为进一步推广、复制联盟农业服务模式提供更有力支撑。

（四）以国际视野推动畜禽粪肥资源化利用

联盟与全国畜牧总站共同研究农业废弃物资源肥料化利用方向，并开展了系列调研、技术研讨及专业书籍编写工作。

2017 年初，应全国畜牧总站要求，中国农业科学院组织联盟、中国农学会农业分析测试与耕地质量评估分会有关专家，编印完成了畜禽粪肥资源化利用技术丛书之《畜禽粪肥检测技术指南》。该指南全面系统地介绍了畜禽粪肥中水分、有机质分级，以及不同形态氮、磷、钾等养分、重金属、常用抗生素含量的测定方法，可为养殖业和种植业相关从业者了解畜禽粪肥样品检测技术、选择适当方法，检测畜禽粪肥及其加工产物养分和有害物质，科学评价畜禽粪肥高效处理和资源化利用技术提供指导；也可供农业资源利用、畜牧学、环境与生态学等领域的教师和学生参考使用。该指南已于同年 11 月由中国农业出版社正式出版发行。

9月下旬，农业部团组出访法国、瑞典、丹麦等三国，重点学习了畜禽粪污资源利用及养分管理的经验，考察了畜禽养殖管理部门、研究机构、生产企业及农场等，并与政府管理者和专家们进行了深入地交流和探讨。考察结束后，联盟对欧洲养分管理理念及欧洲废弃物资源化利用相关政策法规进行了系统地研究，组织编写了《欧洲畜禽粪肥资源利用及经验启示》，以欧盟畜禽粪肥处理的管理方式及欧洲种养结合的产业模式为主线，着重介绍欧洲考察的实例，并对其农牧业发展背景和产业贡献进行剖析。随后，联盟以此为契机，开始持续探索寻求符合我国生产实际、具有区域特色的种养结合产业模式。研究工作成为进一步拓展视野的良好开端，为深入跟踪研究国外先进的废弃物资源化利用模式及其管理法规奠定了良好的基础。

（五）烟气脱硫石膏资源化利用与盐碱地改良

我国盐碱地面积高达3 400多万公顷，分布区域广泛，土地资源利用效率低。烟气脱硫石膏是燃煤电厂湿式石灰石-石膏法脱硫系统的产物，与天然石膏相比，烟气脱硫石膏的粒径更小，杂质更少。从2013年开始，我国每年的产量保持在7 000多万吨，综合利用率较低。研究表明，烟气脱硫石膏在盐碱地土壤改良上有广泛的应用前景，利用烟气脱硫石膏改良盐碱地，不仅可以为发电厂降低处置成本，而且可以提高产业链副产品资源化利用水平，改善农业生态环境，符合农业可持续发展原则。相关文献综述编印在《脱硫石膏盐碱地土壤改良现场交流会 会议手册》和《烟气脱硫石膏资源化利用与土壤改良建议专题会 会议手册》中。

6月，联盟与中国农学会农业分析测试与耕地质量评估分会联合在内蒙古乌海组织召开了“脱硫石膏盐碱地土壤改良现场交流会”，组织有关专家对脱硫石膏产品标准及其在盐碱土壤改良上的效果进行了重点研讨。与会专家认为，脱硫石膏配制成土壤调理剂能够有效改良盐碱化土壤，实现火电厂烟气脱硫废弃物的综合利用。为此，特向行政管理部门报送了“关于大力推广脱硫石膏土壤调理剂改良盐碱地的建议书”。建议在大产业链、大背景下，多部门形成合力，在保证安全的条件下，大力推动脱硫石膏在我国盐碱地改良上的应用；制定脱硫石膏在农业行业方面的产品标准、方法标准及其他相关标准；确定脱硫石膏在农业上的最大使用量，避免使用量过大造成的潜在风险；开展科学试验和监测，密切关注施用脱硫石膏对土壤和植物的影响情况。

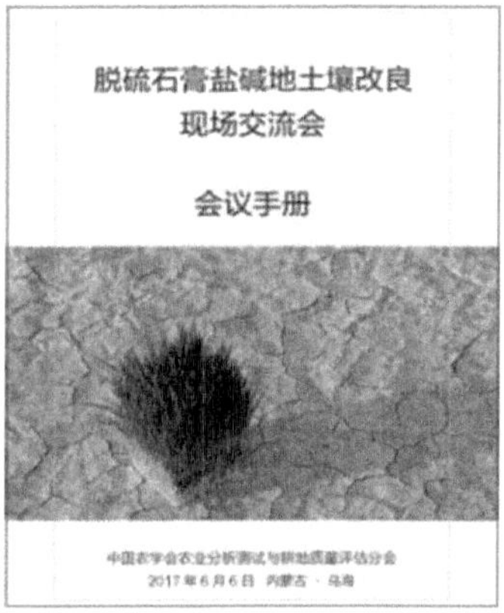

8月，联盟与中国农学会农业分析测试与耕地质量评估分会在北京联合召开“烟气脱硫石膏资源化利用与土壤改良建议专题会”。与会专家认为，目前对于产品的推广仍需要解决四个关键问题：一是有必要对产品的作用机理进行更加深入地研究；二是产品的工艺问题，需要关注产品的稳定性和质量可控性，重视产品的研发；三是根据施用作物和地区，研究合理的施用方法；四是从循环经济的角度，工业废弃物不能一味地禁止农用，而是要加强对产品的安全性风险评价。会议提出进一步着手做三方面的工作：一是制定烟气脱硫石膏产品的质量标准；二是分区域、分作物集成一批烟气脱硫石膏的施用技术规范；三是编制产品的安全性评价导则。这些研究和工作需要多部门及单位进行大联合，发挥各自优势，共同推进循环经济的发展。此次专题会是对6月乌海会议的延续和再深入，征集了大量业界专家的宝贵意见和建议，对于推动土壤改良、烟气脱硫石膏的资源化利用和循环经济的发展有

重要的意义。

（六）液体肥料试验示范推广项目取得阶段性进展

2017年，为进一步探究液体肥料在经济作物上的试验效果，项目扩展了苹果、番茄、桃、大蒜4种作物，同时增加了液体氮肥（UAN）、新型液体磷肥（APP）与中量、微量元素配施的试验，以及肥料增效剂（脲酶抑制剂、硝化抑制剂）与氮肥减施的试验。通过将肥料增效剂和新型液体磷肥与UAN配施试验的进一步开展，为我国液体肥料的科学施用提供依据。

项目将继续研究液体肥料在主要粮食、蔬菜和果树上的施肥技术，跟踪其对耕地质量的影响，研究其与不同种类肥料的配合方式，研发与之配套的施用农机具等。同时在国家层面，争取关于液体肥料流通、储运和分销等方面的政策支持，积极推动液体肥料在我国的应用和发展。

（七）搭建行业平台促进业内合作

联盟以科技发展为核心，注重技术与产业的融合互通，2017年，与中华全国工商业联合会农业产业商会、中国农业国际合作促进会等组织密切联系，开展大型交流活动，为成员企业与行业资本对接、合作搭建平台。

9月，全国工商联农业产业商会、张掖市人民政府等共同主办“第四届丝绸之路国际生态产业博览会暨绿色有机产品（张掖）交易会”。联盟携阜丰集团有限公司、安琪酵母股份有限公司、武汉皓达农业科技有限公司、青岛海大生物集团有限公司等成员单位参与此次交易会。交易会采用资源导入、渠道贯通、项目对接等模式，为多方合作搭建平台，联盟成员通过路演、展位展示等，与当地政府、专家、企业、资本等各方力量进行对接。

中华全国工商业联合会农业产业商会 www. china-aicc. org. cn

中华全国工商业联合会农业产业商会（China Agriculture Industry Chamber of Commerce）简称中华全联农业产业商会，是经国务院批准、由民政部批复成立的非营利性民间行业商会，是中国农业领域由民营企业家自发组织的、与三农密切相关的全国性商会组织，是全国工商联领导下的唯一一家以农业龙头企业为主体的全国性产业商会。

商会代表中国农业产业广大非公有制企业的共同利益，以促进农业产业的可持续发展为己任，集中农业产业领域有代表性的企业，共同致力于推动会员企业健康发展、推动中国农业产业化进程、推动社会主义新农村建设，并在增加农民收入、带动农村富裕方面做出自己的贡献。

多年来，商会在全国各地举办项目推介招商引资活动，积极推动企业与贫困地区、农业落后地区、农业特色地区的政府、农户之间的合作，紧跟时代发展开创新型合作模式、服务模式为我国农业产业注入蓬勃生机；组织企业参加各种有关业务知识学习，与有关部门对话、讲座等活动，不断提高企业和员工的素质；加强与海外商会的交流与合作；维护会员在国内外经济活动和其他有关方面的合法权益；同时，商会还多次举办和参与社会公益活动如：捐款赈灾、关注特殊人群等，加强了企业与社会公众生活之间的内在联系。

联盟自成立以来，得到了中华全联农业产业商会的大力支持，联盟愿与商会共同合作，促进农业产业中土壤肥料这一基础性产业的健康发展。

11 月，联盟作为协办单位，参与了由科技部火炬中心指导、中国农业国际合作促进会主办的“农业科技直通车”全国土壤健康与新型肥料成果技术交流大会暨投融资对接会。会前经中国农业国际合作促进会专家委员会层层筛选，18 家企业参与大会路演，其中包括北京天辰云农场科技股份有限公司、浙江奥复托化工有限公司、深圳溉朴农业科技有限公司、北京奈艾斯新材料科技有限公司等 4 家联盟成员。各成员分别对其最新项目、服务模式、应用效果等进行精彩展示，并根据自身需求和发展侧重点与多家投融资机构进行商洽、对接。

（八）土壤肥料产业发展动态展示

6 月，联盟官方网站（www. fertilizer. org. cn）开通。网站包含新闻报道、联盟平台、科技平台、协作平台、机构概况和联系我们 6 大板块。

12 月，联盟完成了《土壤肥料产业发展联盟 2017 年刊》。年刊编录了

国内相关部门对重要农业政策的理解和执行思路，收录了业内领导专家的不同观点和实践成果，呈现了联盟成立以来组办的项目、活动回眸，以及成员取得的优秀业绩，是联盟与行业间沟通协作的重要媒介。

三、2018 年：产业协作

2018 年，联盟更加注重成员间融合协作、共赢发展，在科学施肥、养地服务和废弃物资源利用等方面均取得了显著成绩。联盟通过技术创新和标准化研究，继续推广氮肥控施及肥料增效剂科学使用技术规范。继续深入研究发达国家畜禽粪肥资源利用的政策法规及成功经验，研究和推进我国农业废弃物资源养分管理大数据平台发展。联盟以科技为支撑，充分挖掘和整合联盟企业的优势资源，在河北、内蒙古、浙江等地针对牧草、糖料、水稻等作物开展了优化种植与产业升级试验项目，形成了联盟独特的优势技术与产品组合，探索农业产业创新服务模式。

（一）联合国粮农组织可持续发展在行动

2018 年，联盟继续围绕欧盟法规形成的发展历程和技术内涵进行深入系统研究，发现和总结我国在畜禽粪污源头减排、过程控制和后端利用各个环节中存在的问题，探索其对我国废弃物资源利用、耕地质量保护和养分管理的经验与启示。

6 月，联盟秘书处组织编译了联合国粮农组织（FAO）“The International Code of Conduct for the Sustainable Use and Management of Fertilizers（肥料可持续使用和管理国际行为规范）”，与中国农学会、中国绿色食品协会等联合发文，广泛征求国内农业领域专家的意见，汇总并向 FAO 规范起草工作组提出了土壤肥力优先的建设性意见且被采纳。肥料可持续使用和管理国际行为规范所涉及的内容包括土壤肥力、养分管理和废弃物资源循环利用、肥料使用和管理等系统理念，对推动我国农业可持续发展有着十分重要的作用。

8—9 月，联盟秘书处参与联合国粮农组织（FAO）“Improving fertilizer utilization and agricultural ecological environment in Xinjiang”项目，在新疆昌吉、巴里坤、巩留等县开展农民田间学校相关技术工作。该项目目标是推动中国农业从重度依靠肥料输入转变为环境可持续发展模式，增强新疆食品安全和改善农业生态环境，实现新疆更繁荣的农村经济，改善少数民族地区农民的生活水平。农民田间学校（Farmer Field School，FFS）作为与农民面对面、互动式传授农业技能的组织形式，从 20 世纪 80 年代末开始，因其农业生态系统管理理念具有的强大生命力和活力而被广泛采用。目前有 90 多个国家使用 FFS，从政府、非政府组织和技术机构到私营部门，不同利益相关方的需求越来越大。

（二）深度交流标准体系研究与产业发展

联盟平台代表着土壤肥料产业发展的前沿，一些联盟成员多年来一直注重研发创新，始终领衔走在国家甚至国际发展之列。在新时代发展背景下，标准研究不仅要跟踪产业动态，更为重要的是应始终把握住标准体系框架中的系统性问题，填补空白，形成完整有效的技术法规依据。2018 年，依托中国农业科学院、中国农学会、中国植物营养与肥料学会、联盟等科技、产业平台，完成并通过审定 10 余项农业行业标准。

3 月，为促进海藻资源的科学利用，联盟于北京召开海藻类有机水溶肥料标准化及产业发展工作沙龙会议。会议探讨了海藻类有机水溶肥料标准化及其实施方案，并以海藻类有机水溶肥料产业发展为主题进行交流。会议认为应规范海藻肥市场，制定含海藻酸有机水溶肥料产品标准，发挥资源型海藻市场的优势，创建高端农化服务模式，拉动海藻产业发展。

7 月，联盟与中国农业科学院农业资源与农业区划研究所、中国植物营养与肥料学会联合组织了“有机水溶肥料标准征求意见及产业发展技术论坛”和“肥料增效剂标准征求意见及产业发展技术论坛”。

研究团队认为“有机水溶肥料通用要求”标准的制定难度较大。一是该类产品属于“口袋类”产品，即原料来源复杂，技术工艺各有不同，要研究和把握好产业前沿技术的动态；二是该类产品独有的特性，决定着其既要与前端的生产环节衔接，又要与后端的农业产业服务环节融合，才能使其更有效地被应用于农业产业；三是要有相应的方法、评价、标签等基础性标准的支撑才能使该标准具有较好的适用性。论坛希望行业领域内的研究机构、相关企业的技术人士能够大力支持这项研究工作的开展。大家认为，目前有机水溶肥料市场迫切需要相应的产品标准来进行规范，范围应涵盖农业农村部登记的产品类型，对不同种类产品的原料来源、生产工艺加强规范，技术指标应有针对性、代表性和科学性。同时，希望在标识中强调第三方技术利用，提高产品的辨识度。

中国植物营养与肥料学会 www. cspnf. org. cn

中国植物营养与肥料学会（Chinese Society of Plant Nutrition and Fertilizer Sciences）是我国植物营养与肥料科学技术工作者根据《社会团体登记管理条例》，

经中华人民共和国民政部批准，依法成立的全国性一级学术性、公益性法人社会团体，业务主管单位为农业部，挂靠单位为中国农业科学院农业资源与农业区划研究所，是中国科学技术协会的团体会员。

中国植物营养与肥料学会于 1982 年 2 月成立（原名称为中国农学会土壤肥料研究会，1993 年 9 月 2 日经民政部批准注册登记为中国植物营养与肥料学会），属全国性一级学会，下设 10 个工作委员会和 9 个专业委员会（工作组）。现有团体会员 120 多个，个人会员约 9 345 名。学会设立“重大贡献奖”“优秀学位论文奖”“植物营养与肥料科学技术奖”等，向中国科协、科技部等推荐“青年人才托举工程”、院士推选、中国青年科技奖、优秀科技工作者等，奖励优秀、培养人才。

多年来，学会紧密团结广大植物营养与肥料科技工作者，为促进我国农业生产和植物营养与肥料的发展发挥了重要作用。学会充分发挥各工作委员会、专业委员会、理事和学术团体人才荟萃的优势，开展国内外学术交流，普及科学技术知识，促进学科发展，对国家有关重大科学技术政策、法规和技术措施以及植物营养与肥料在科研、教学和生产中存在的问题，向上级和主管部门提出决策性意见和建议，充分体现了学会的桥梁和纽带作用。中国植物营养与肥料学会主办有《中国植物营养与肥料学报》《中国土壤与肥料》，为中国科技核心期刊、中文核心期刊、中国农业核心期刊。

肥料增效剂的发展和使用多年来一直很活跃，也出现了一些行业发展中的问题。肥料增效剂非常符合国家绿色发展政策，是实现肥料减施增效的重要技术产品，相关标准研究工作十分重要。标准的制定要体现针对性、时代性和先进性，应符合国家农业产业发展趋势，主要面向新型种植主体，对接农业服务体系，除了涉及肥料增效剂一般要求，还应涵盖其使用规范。目标是提高行业竞争力，助力产业健康发展，解决科学施肥“最后一公里”问题；促进施肥方式转变，综合管理养分资源，助力实现种植业节本增效、农业产业绿色发展。肥料增效剂标准研究是国家重点研发计划课题“新型肥料质量控制与评价标准及标准样品研究”的内容，主要包括方法检验、效果评价等，在管理方面，包括范围界定、产品名称等内容。

12 月，联盟召开了以“土壤调理剂标准化及畜禽粪肥资源化利用”为主题的土壤肥料产业发展技术论坛，讨论了近年来烟气脱硫石膏、硝酸磷肥副产品、味精发酵副产品、餐厨废弃物、碱业副产品等可利用资源在土壤改良方面的研究进展，以及行业标准起草的前期工作。随着《深化标准化工作改革方案》的推出，我国标准化改革已经启动，通过改革，把政府单一供给的现行标准体系，转变为由政府主导制定的标准和市场自主制定的标准共同构成的新型标准体系。政府主导制定的标准侧重于保基本，市场自主制定的标准侧重于提高竞争力。土壤调理剂系列标准的提出具有针对性，体现推优的概念。系列标准应该把产业发展的精华总结出来，通过市场竞争优胜劣汰。

（三）废弃物资源利用循环链技术研究

中共中央办公厅、国务院办公厅印发了《关于创新体制机制推进农业绿色发展的意见》，农业农村部也专门制订了《农业绿色发展技术导则（2018—2030年）》，着力构建支撑农业绿色发展的技术体系，大力推动生态文明建设和农业绿色发展。废弃物资源循环利用是绿色生产技术进步的重要方面，是绿色农业投入品和技术供给能力提高的重要内容，有利于资源节约、环境友好型农业发展，对于改变农业发展面临的困局、突破资源环境硬性约束、实现绿色发展具有重要意义，是“一件利国利民利长远的大好事”。为探索有效解决废弃物资源安全高效利用循环链上的关键技术问题，联盟在废弃物资源利用、土壤肥料产业发展等方面持续深入开展调研。

6月初，农业农村部畜牧业司委托全国畜牧总站组织专家组，对广西人大代表提案上的“微生物技术+设施改造模式”进行调研分析，为畜牧业司决策提供技术依据。重点考察了广西西江、福建漳州两地的“微生物+高架床”生猪生态节水养殖模式以及“微生物+异位发酵床”养殖粪污处理模式。考察调研组认为，建立畜禽粪污还田利用效果评价标准具有极高重要性

和迫切性，是促进粪污循环利用、加快种养结合、保障土壤生态安全的重要的基础性工作。

11 月，中国农学会农业分析测试与耕地质量评估分会、中国农业科学院农业资源与农业区划研究所与联盟联合在福建漳州召开“废弃物资源化利用与土壤肥料产业发展研讨会”。来自全国农业技术推广服务中心、中国农业科学院、清华大学、云南农业大学等相关部门专家，以及福建玛塔生态科技有限公司等联盟成员单位代表共 60 余人参加。中国农学会学术交流处/社团管理处周雪松处长向会议致辞，本次会议结合我国废弃物资源化利用、耕地生态保护和土壤肥料产业发展需求，从我国区域经济发展实际出发，对落实循环经济理念、推动废弃物资源化利用和农业绿色发展有很强的针对性和指导性。本次研讨会以“废弃物资源化利用 大力发展循环经济促进土壤肥料产业发展”为主题，邀请十余位相关领域专家和联盟成员，就种植业、养殖业、水产业、食品加工业和工矿业等废弃物资源化利用的最新科研技术成果转化、利用技术与农用效果作专题报告（摘要编录于《废弃物资源化利用与土壤肥料产业发展研讨会 会议手册》）。代表们围绕废弃物资源化利用、风险控制及耕地质量提升等内容进行了充分交流。会议明确，下一步将继续发挥好平台优势，通过全方位、多途径深度挖掘和整合多种资源，更好地服务于成员，服务于产业；同时呼吁大家通过联合共赢的国家科技产业大平台，共同协力管控安全风险，推进耕地质量提升，为我国生态文明建设和绿色发展做出积极贡献。

（四）农业服务机制建设初见成效

2018 年，联盟成员联手整合优势资源，在内蒙古、河北、浙江等地实施生态种植试验示范及推广项目，在牧草、甜菜和水稻高效生态种植模式及服务体系创建方面初见成效。

合作试验是联盟对农业服务供给侧创新实践的探索，是继 2016 年云南大理大蒜生态种植试验之后的延续性工作。2017 年下半年，安琪酵母股份有限公司、武汉皓达农业科技有限公司、河北萌帮水溶肥料股份有限公司、汕头市微补植物营养科技有限公司、西部环保有限公司、仲元（北京）绿色生物技术开发有限公司等联盟成员重新发起并开展互补合作式产业服务。选择在我国甜菜和牧草规模优势产区，实施以科学施肥和耕地养护服务为核心的甜菜产业升级优化种植小区试验、牧草（苜蓿和燕麦）示范试验，旨在提高以规模集约、优质高产、绿色生态为目标的甜菜、牧草的市场竞争力。甜菜试验分别设在河北省张北县、内蒙古赤峰市翁牛特旗、呼和浩特市土默特左旗等地，牧草试验位于内蒙古赤峰市阿鲁科尔沁旗、鄂尔多斯市达拉特旗、呼和浩特市土默特左旗。

8 月，联盟组织常务理事成员赴内蒙古赤峰，召开联盟第一届第四次常务理事会。代表们对联盟成员在赤峰合作开展的甜菜、苜蓿、燕麦试验现场进行了考察，参观了安琪酵母股份有限公司赤峰生产基地，并对考察区域牧草、糖料的生产种植、配套服务、产业链发展等方面进行了深入的研讨。9 月，常务理事成员再次赴内蒙古考察，参观鄂尔多斯市达拉特旗、呼和浩特市土默特左旗的苜蓿、燕麦试验现场，讨论农业产业创新实践、联盟平台建设发展等。10 月，常务理事成员第三次赴内蒙古考察，在赤峰市成功举办甜菜升级优化种植测产观摩会，中国作物学会甜菜专业委员会周建朝理事长参加测产观摩会，并担任组长。实地抽测结果显示，与对照处理相比，SFAC 各优化处理产量增加明显，糖度略有下降，总体来说，提高了甜菜种植的经济效益。联盟秘书处分别对我国甜菜、牧草产业发展的现状与需求进行了综述，完成了试验示范简报等。

产业实践活动发挥了联盟产品组合、技术融合的优势，降低服务成本，与规模化种植大户的需求对接，共赢发展。在实践活动过程中，联盟不仅研究发现了土壤肥料产业中存在的问题，还认真系统地研究了牧草、糖料作物产业链中存在的问题。我国农业服务产业应以更加开拓的视角、更加切合农业生产需求的创新思路和做法形成合作平台，做到产品有标准、技术成体系、模式可复制、方案可持续，进一步整合其他社会资源，联手共建。

（五）液体肥料市场及试验示范推广项目成效

6 月中旬，为了进一步了解液体肥料生产企业及结合水肥一体化应用情况，中国氮肥工业协会和联盟赴新疆对 7 家水溶肥料生产及产业周边企业进行了实地考察，并带回大量的产业发展相关数据，以及先进模式、技术的详尽资料。调研表明，滴灌设施正向着节水和耐用两个层面提升。从肥料种类发展来看，虽然液体肥料产品顺应科技发展趋势，但在生产技术和使用模式上，多数企业还没能较好的协调成本和收益之间的关系，找到最优方案。虽然新疆的水肥一体化发展势态稳中有升，但同时也不可避免的会遇到问题。比如：目前存在不同类型产品之间的困惑，如复合型和单一型、清液型和悬浮型，这些不同种类的产品如何共存？是否能通过有针对性的、精确的使用来达到最优组合？肥料生产者、设备生产工厂、配肥站应当如何布局？肥料市场的赊欠问题如何有效解决？此外，当前发展的热火朝天的智能化、数字化管控平台操作系统和手机操作系统还不十分稳定，如何进一步提高其准确性、可操作性？

12 月，液体肥料试验示范推广项目完成了两年的工作任务，各协作单位在 8 个省区的数据结果显示出良好的节肥效果，制约瓶颈仍是储运成本高。该项目深入研究了液体肥料产业和与之配套的农化服务创新模式发展，为在灌溉施肥区域液体氮肥替代尿素和液体肥料终端施肥服务升级积累了大数据。试验结果表明，施用 UAN 可减施氮肥 20%不减产且增效，基本达到预期目标；液体肥料与中微量营养元素和肥料增效剂配施，在提高作物产量、改善品质、减施氮肥及降低环境风险等方面取得了明显效果。

四、2019 年：技术集成

中国农学会农业分析测试与耕地质量评估分会于 2016 年经学会常务理

事会批准更名组建而成，重点围绕化肥减施增效、农业废弃物资源利用、障碍土壤改良与耕地质量提升等内容开展工作。2017 年，分会先后与联盟联合开展肥料和土壤调理剂标准制修订，协作组织资源利用与土壤改良专题研讨会、土壤肥料产业论坛等活动。2018 年，分会各项工作扎实推进，影响力也进一步扩大，部分联盟成员自愿转入学会，致力于废弃物农用安全和发展循环经济，推动土壤调理剂产业发展。联盟与分会能发挥学术交流平台和产业合作平台的双重优势，全方位、多途径地挖掘和整合资源，更好地服务成员，服务产业。2019 年，联盟成员完成了中国农学会农业分析测试与耕地质量评估分会的入会申请，继续联合中国植物营养与肥料学会、中国土壤学会、中国绿色食品协会、全国工商联农业产业商会、肥料行业协会等，对土壤肥料产业发展的核心和关键共性技术进行集成凝练，坚持以科技创新为支撑，努力搞好农业产业链上各环节的融合协作。

（一）肥料和土壤调理剂标准技术体系不断完善

“十三五”国家重点研发计划课题“新型肥料质量控制与评价标准及标准样品研究”是国家质量基础的共性技术研究与应用“新型农业投入品与优势特色农产品质量评价标准与标准样品实物研究”的重要组成内容，项目的实施对促进肥料和土壤调理剂标准技术体系进一步完善起到了重要作用。

2 月，农业农村部发布公告（第 127 号），由中国农业科学院农业资源与农业区划研究所牵头，中国农学会、中国植物营养与肥料学会、土壤肥料产业联盟参与制定的《肥料增效剂　3,4-二甲基吡唑磷酸盐（DMPP）含量的测定》（NY/T 3423—2019）、《肥料和土壤调理剂　氟含量的测定》（NY/T 3422—2019）、《水溶肥料　无机砷和有机砷含量的测定》（NY/T 3424—2019）和《水溶肥料　总铬、三价铬、六价铬含量的测定》（NY/T 3425—2019）四项农业行业标准于 2019 年 9 月 1 日正式实施。标准的颁布实施将为肥料增效剂的科学使用提供技术支撑，为有机、绿色农产品生产提供评价手段，有利于从源头对农业投入品进行安全质量、环境风险管控，保障农产品质量安全。

5 月，全国农业技术推广服务中心组织的农业行业标准审定会在北京召开。中国农业科学院农业资源与农业区划研究所牵头，中国农学会、中国植物营养与肥料学会、中国氮肥工业协会、土壤肥料产业联盟等参与制修订的六项标准通过审定，包括修订的《尿素硝酸铵溶液》（NY 2670）、《农业用硝酸铵钙》（NY 2269）和《农业用改性硝酸铵》（NY 2268）三个标准以及三个新制定的脲酶抑制剂、硝化抑制剂和农业用硫酸钾镁标准。审定专家组认为，六个行业标准既体现了三种氮肥与抑制剂使用技术的关键环节，又将盐湖卤水、海盐苦卤、钾镁矾矿等代表性的钾镁资源，技术性地在标准中规范出来。而且结合了我国肥料产业发展和管理的实际需求，体现出其适用性、科学性和先进性，尤其是使用规程的相关内容，具有重要的应用意义。而标准关于不同作物或区域最高施氮量的推荐等，是在近年来国内外对农业环境可持续发展研究成果基础上提出的，在我国化肥减施增效和农业绿色发展的背景下起到积极的创新引领作用。

12 月，农业农村部发布公告（第 251 号），发布了由中国农业科学院农业资源与农业区划研究所牵头，中国农学会、中国植物营养与肥料学会、中国氮肥工业协会、中国磷复肥工业协会、土壤肥料产业联盟及技术创新企业等参与制定的《肥料　包膜材料使用风险控制准则》（NY/T 3502—2019）、《肥料　着色材料使用风险控制准则》（NY/T 3503—2019）、《肥料增效剂 硝化抑制剂及使用规程》（NY/T 3504—2019）、《肥料增效剂 脲酶抑制剂及使用规程》（NY/T 3505—2019）四项农业行业标准。标准的颁布实施，将为我国包膜肥料和着色肥料的管理、安全使用提供技术依据，有助于推动我国肥料添加物安全评价技术体系进一步完善，同时，引导肥料增效剂的科学使用，契合现代农业发展需求，助力提升农业产业链安全发展和科学施肥水平。

中国磷复肥工业协会 www. cpfia. org

中国磷复肥工业协会（China Phosphate & Compound Fertilizer Industry Association）是由磷肥、复合肥料、掺混肥料、各种作物专用肥、新型肥料等生产经营企业、科研、设计、大专院校、社会团体等单位自愿结成的全国性、行业性、非营利性社会组织。

中国磷复肥工业协会于 2014 年组建新型肥料分会。该新型肥料分会以促进行业的健康发展为宗旨，努力发挥好政府部门和行业之间桥梁和纽带作用，致力于反映行业诉求、组织完善行业标准、定位研发方向、规范生产推广模式，以求建成一个新型肥料行业内的直接交流、有效沟通和资源共享的服务平台。

中国磷复肥工业协会注重开展农业产业协作，近年来发挥协会技术优势，与联盟共同承担新型肥料质量控制与评价国家课题，所取得的成果对提升我国农产品质量和保护农业生态环境可持续发展起到了有力的促进作用。

（二）“废弃物资源生态安全利用技术集成”列为工程技术难题

6 月，中国科学技术协会在哈尔滨举办的第 21 届年会闭幕式上，发布了 2019 年 20 项对科学发展具有导向作用、对技术和产业创新具有关键作用的前沿科学问题和工程技术难题，涉及物理、化学、心理、生物、医药、航天、农业等学科领域。由中国农学会农业分析测试与耕地质量评估分会牵头，中国农业科学院农业资源与农业区划研究所、中国土壤学会、土壤肥料产业联盟联合组织提出的“废弃物资源生态安全利用技术集成”成功入选。该技术集成可解决大量养分资源作为废弃物或因处理不当而造成的资源浪费问题，有效控制环境污染和耕地质量风险，引导工农业废弃物资源循环利用产业链和价值链提升，实现生产清洁化、利用安全化、投入品减量化等，促进农业可持续发展。

“废弃物资源生态安全利用技术集成”是在深入系统研究土壤肥料产业发展现状基础上提出来的。建议建立完善废弃物资源利用安全评价体系、废弃物资源区域产业集成体系和废弃物资源农业服务产业体系三大技术体系，把“废弃物资源利用—化肥减施增效—土壤培肥与改良”作为有机整体，做好顶层设计，实现真正落地。围绕面向 2050 年的绿色发展目标，建议分两个阶段实施。一是 2020—2030 年，建立健全三大技术体系；二是 2030—2050 年，在不断实践中优化技术体系的融通，建立废弃物资源绿色指数，实现废弃物资源安全评价科学性与高效性统一，为我国农业可持续发展提供重要支撑。

（三）有机物降解分级评价研究交流研讨

7 月，中国农学会农业分析测试与耕地质量评估分会与联盟联合组织召开“有机物降解分级评价研究交流研讨会”。北京嘉博文生物科技有限公司、安琪酵母股份有限公司、福建绿洲生化有限公司、堃泰生物科技有限公司等具有行业代表性的企业负责人和技术专家应邀参加了会议。与会代表认为，有机物降解分级评价仅仅是针对处理工艺技术效果评价的基础性环节部分，还需要全面系统地对还田效果综合评价，如土壤生物特性需求、重金属钝化、抗生素降解率等。废弃物资源生态安全利用评价的提出可以科学引导废弃物利用产业链及价值链升级。通过多方合作与协作，整合产业技术优势，降低安全风险，减少环境污染，使废弃资源有效还田，持续提高耕地质量及生态能力。

（四）“UAN$^+$液体肥料组合技术”推动灌溉施肥绿色发展

12 月，尿素硝酸铵溶液（UAN）及肥料增效剂试验示范推广项目总结验收会在北京召开。“UAN$^+$液体肥料组合技术”研究提出了试验示范区域主要作物种植模式中 UAN 的施肥方案，探索形成了适合我国主要农区的一整套“UAN⁺液体肥料组合技术”。会议认为，继续深化UAN（尿素硝酸铵溶液）与APP（聚磷酸铵）、中微量元素、脲酶抑制剂、硝化抑制剂等“UAN⁺液体肥料组合技术”研究，加快在主要粮经作物上的试验示范推广，将助力我国农业绿色发展。这是“尿素硝酸铵溶液（UAN）及肥料增效剂试验示范推广”项目验收专家组对这项液体肥料组合技术的积极肯定。农业农村部种植业管理司肥料与节水处徐晶莹处长代表农业主管部门参加了验收会，对所开展的全国性试验示范推广工作给予了高度的肯定，认为项目所取得的成效，将为今后UAN在我国的推广和应用提供可行的技术方案，也将为我国化肥减施增效和农业绿色发展提供有效的技术支撑，并表示下一步将继续推动实现好肥料、好技术尽快落地使用。

中国化工信息中心 www. cncic. cn

中国化工信息中心（以下简称“中国化信”）是全国化工行业享有盛誉、最具权威的信息咨询和信息服务机构。设有全国化工国际展览交流中心、中国化工数据中心等多个机构。承担着科技部、工信部、商务部等多项国家重点项目，建立“国家科技成果网”和“中国石油和化工文献资源网”；中国化信赋有全国化工期刊管理职能和中国化工情报信息协会等社团依托管理职能。经过60年的发展历程，中国化信拥有丰富的信息、技术和专家资源优势，面向国内外客户，提供产业规划、专业园区规划、投资机会分析、市场调研、专利查新、HSE咨询服务、竞争情报、企业系统集成、信息化建设服务，节能减排、标准修制订等服务；提供行业资讯、媒体宣传、品牌推广平台；组织国际性专业会议和展览，组织国内企业参与国际展览交流活动等。

CNCIC中国国际特种肥料大会由中国化工信息中心主办。历年会上发布的水溶肥料、特种肥料产业信息，科技发展前沿咨询和企业家热点研讨都是不容错过的亮点。该会议旨在提升世界范围内特种肥料的技术创新水平，分享研发成果，交流推广应用经验，促进全球贸易，推动全球特种肥料的创新与发展，同时也为我国特种肥料行业发展和企业发展提供全方位的综合服务。

（五）信息库、数据库与智库建设

围绕土壤肥料产业发展，开发应用信息化技术。联盟平台信息库、专业数据库不断更新，以期为推动成员交流、信息共享、成果展示、施肥方案制订提供专业数据，为农业金融（保险、投资）提供产业信息，为农业产业服务提供智库咨询。

联盟现有信息库已形成标准库、文献库和行业报告库。标准库涵盖了现行有效的肥料和土壤调理剂产品标准、检测方法标准、效果评价及安全风险评价标准等；文献库则结合联盟发展和在研项目需求，对所检索的国内外相关文献资料进行分类管理；行业报告库收纳了行业政策、产业发展动态等相关信息，并对产业问题进行研究和分析。下一步，将继续拓展信息收集渠道，形成内部查新、整理、分析、汇总、综述的运行机制。

在数据库建设方面，联盟已在农用废弃物资源量、处理量和处理技术等方面积累了一定的行业数据，废弃物资源利用产业化数据库初步建成。同时，围绕“肥料—土壤—作物”养分平衡体系，不断收集和更新肥料生产使用数据、土壤养分数据以及作物生产数据等。下一步，将分专题、分年份、分国家和区域等进行维护，逐步形成具有统计、查询、分析、汇总功能的数据库。数据库建设的信息来源渠道主要有：政府官方网站（中华人民共和国农业农村部、国家气象信息中心、中华人民共和国国家统计局、中华人民共和国海关总署等）、行业数据中心（中国农业科技信息网、国家科技基础条件平台、国家农业科学数据中心、中国农业监测预警、中国农业大数据、中国氮肥网、中国磷肥网等）、行业学会（协会）及国际行业网站（FAO、美国农业部、美国土壤管理局、欧盟官网、国际糖业组织、英国土壤协会、国际肥料工业协会、全球气候智能农业联盟等）。

联盟立足于土壤肥料产业，通过中国农学会、中国土壤学会、中国植物营养与肥料学会、中国绿色食品协会等协作平台，联合科技界、产业界人士，共同推进农业可持续发展的智库建设，服务于现代绿色农业发展。

五、继往开来　联盟共赢

在国家生态文明建设和绿色发展的大背景下，联盟走过了起步发展之路，共同以实干笃定前行。“让土壤重塑自身生命力，期许耕地永续利用”，怀着农业产业现代化发展的美好愿景，充分发挥国家技术平台和产业协作平台的优势，联盟留下了踏实的足迹和创新的业绩。

回顾历程，始终坚持国家农业政策导向，迎合现代农业产业发展需求，围绕科学施肥、提升地力和废弃物资源化有效利用三大目标方向开展创新性活动。通过多方、广泛合作，在多个种植区域，针对典型作物开展了减肥增效以及环境风险控制技术模式的探索。通过耕地资源利用专业优势，深度探究区域土壤培肥与改良技术，推动土壤调理剂产业与养地服务创新发展。通过综合技术集成措施，推动工农业废弃物资源高效安全利用，引导废弃物资源循环利用产业链和价值链提升，促进以资源利用、循环经济为主导的肥料产业发展。

回顾历程，紧跟现代农业的发展脉搏，拓宽国际视野，跟踪研究国际组织和国外先进经验，以科技为支撑，通过开展调研、交流与实践活动，不断完善肥料和土壤调理剂标准技术体系，梳理集成废弃物资源化利用模式及安全评价技术体系，突出肥料合理使用与风险管控，提升标准与技术法规的科学性、实用性，适应现代农业生产。充分挖掘和整合联盟企业的优势资源，积极探索科技引领、市场导向机制的现代农业产业服务体系，助力农业服务供给侧改革，契合农业绿色可持续发展需求。

展望未来，将在中国农学会等更广泛的行业平台上，一如既往地围绕施肥服务、养地服务和废弃物资源利用，继续完善农化服务、风险控制、土壤培肥与改良、农业废弃物还田利用效果评价、特种肥料/肥料增效剂/土壤调理剂的评价等技术标准研究，积极推进高端产品标准研究，更大程度发挥产业前端的技术优势，整合服务方案，探索服务模式，促进区域优势农产品产业链发展。

展望未来，将继续以科技创新为纽带，以产业协作为推动，整合资源，为农业高效节水、农业机械化、农业绿色发展提供土壤肥料产业的创新元素、技术包和服务模式，将土壤肥料产业贡献整合到我国农业发展“质量型、效益型”服务平台上，为加快国家现代农业发展速度加油。通过产业实践优化叠加服务模式和创建农业服务运行机制搭建农业产业服务平台，建立优化成本、优质生态种植和循环产业链模式，最终达到绿色种植、农民增收、生态环境保护、农业可持续发展等多重目标。

期待与更多同仁一起携手并进，共同走好我国农业产出高效、产品安全、资源节约、环境友好的可持续发展之路，合作共赢！

联盟成员的贡献

安琪酵母股份有限公司	常务理事、副理事长
北京嘉博文生物科技有限公司	常务理事、副理事长
武汉皓达农业科技有限公司	常务理事、副理事长
河北萌帮水溶肥料有限公司	常务理事、副理事长
金正大生态工程集团股份有限公司	常务理事、副理事长
青岛明月蓝海生物科技有限公司	常务理事、副理事长
山东农大肥业科技有限公司	常务理事、副理事长

汕头市微补植物营养科技有限公司	常务理事、副理事长
天脊煤化工集团股份有限公司	常务理事、副理事长
成都新朝阳作物科学有限公司	常务理事
福建玛塔生态科技有限公司	常务理事
威海市世代海洋生物科技股份有限公司	常务理事
浙江奥复托化工有限公司	常务理事
河南远东生物工程有限公司	常务理事
SQM（北京）贸易有限公司	常务理事
北京奥特奇生物制品有限公司	常务理事
阜丰集团内蒙古沃丰农业发展有限公司	常务理事
广东大众农业科技股份有限公司	常务理事
广西喷施宝股份有限公司	常务理事
青岛海大生物集团有限公司	常务理事
深圳市芭田生态工程股份有限公司	常务理事
瓮福集团农资有限责任公司	常务理事
西部环保有限公司	常务理事
北京雷力海洋生物新产业股份有限公司	理事
成都天杰有机农业发展有限公司	理事
德国康朴公司 康朴贸易（深圳）有限公司	理事
广东杰士农业科技有限公司	理事
广州市凯米瑞化肥有限公司	理事
加拿大阿卡迪安海藻有限公司 住商农资（广州）有限公司	理事
江苏龙灯化学有限公司	理事
领先生物农业股份有限公司	理事
挪威雅苒国际有限公司	理事
陕西鼎天济农腐殖酸制品有限公司	理事
施可丰化工股份有限公司	理事

武汉市沃农肥业有限公司	理事
烟台泓源生物肥料有限公司	理事
意大利瓦拉格罗股份公司	理事
众德肥料（烟台）有限公司	理事
安徽茂施生态肥料有限公司	理事
安徽省神农农业技术开发有限公司	理事
安徽省司尔特肥业股份有限公司	理事
北京天辰云农场科技股份有限公司	理事
成都华宏生物科技有限公司	理事
赤城县泰中兴农加维矿质肥有限公司	理事
广东神宝农业科技有限公司	理事
红橡肥料（山东）有限责任公司	理事
青岛苏贝尔作物营养有限公司	理事
山东创新腐殖酸科技股份有限公司	理事
深圳溉朴农业科技有限公司	理事
史丹利化肥股份有限公司	理事
中科建成矿物技术（北京）有限公司	理事

感谢以上联盟成员为土壤肥料产业发展研究和实践所做出的贡献！同时致谢北京飞鹰绿地科技发展有限公司、佛山市植宝化工有限公司、河南中科明星肥业有限公司、辽宁万隆肥业有限公司、秦皇岛三农现代化机械设备有限公司、陕西赛众生物科技有限公司、五洲丰农业科技有限公司、仲元（北京）绿色生物技术开发有限公司、北京奈艾斯新材料科技有限公司、大理蓝天农业科技有限公司、广西力源宝科技有限公司、湖南豫园生物科技股份有限公司等所做出的努力！

附录一　土壤相关标准目录

国家标准

[1] 中华人民共和国农业农村部. 土壤质量　土壤采样技术指南：GB/T 36197—2018 [S]. 北京：中国标准出版社，2018.

[2] 中华人民共和国农业农村部. 土壤质量　土壤气体采样指南：GB/T 36198—2018 [S]. 北京：中国标准出版社，2018.

[3] 中华人民共和国农业部. 土壤中六六六和滴滴涕测定的气相色谱法：GB/T 14550—2003 [S]. 北京：中国标准出版社，2003.

[4] 中华人民共和国农业部. 土壤质量　氟化物的测定　离子选择电极法：GB/T 22104—2008 [S]. 北京：中国标准出版社，2008.

[5] 中华人民共和国农业部. 土壤质量　总汞、总砷、总铅的测定　原子荧光法　第1部分：土壤中总汞的测定：GB/T 22105.1—2008 [S]. 北京：中国标准出版社，2008.

[6] 中华人民共和国农业部. 土壤质量　总汞、总砷、总铅的测定　原子荧光法　第2部分：土壤中总砷的测定：GB/T 22105.2—2008 [S]. 北京：中国标准出版社，2008.

[7] 中华人民共和国农业部. 土壤质量　总汞、总砷、总铅的测定　原子荧光法　第3部分：土壤中总铅的测定：GB/T 22105.3—2008 [S]. 北京：中国标准出版社，2008.

[8] 中华人民共和国农业部. 土壤质量　有效态铅和镉的测定　原子吸收法：GB/T 23739—2009 [S]. 北京：中国标准出版社，2009.

[9] 中国轻工业联合会. 土壤中塑料材料最终需氧生物分解能力的测定　采用测定密闭呼吸计中需氧量或测定释放的二氧化碳的方法：GB/T 22047—2008 [S]. 北京：中国标准出版社，2008.

[10] 生态环境部土壤环境管理司，科技标准司. 土壤环境质量　农用地土壤污染风险管控标准（试行）：GB 15618—2018 [S]. 北京：

中国标准出版社，2018.
[11] 生态环境部土壤环境管理司，科技标准司. 土壤环境质量　建设用地土壤污染风险管控标准（试行）：GB 36600—2018［S］. 北京：中国标准出版社，2018.
[12] 国家环境保护局科技标准司. 土壤质量　总砷的测定　二乙基二硫代氨基甲酸银分光光度法：GB/T 17134—1997［S］. 北京：中国标准出版社，1997.
[13] 国家环境保护局科技标准司. 土壤质量　总砷的测定　硼氢化钾-硝酸银分光光度法：GB/T 17135—1997［S］. 北京：中国标准出版社，1997.
[14] 国家环境保护局科技标准司. 土壤质量　总汞的测定　冷原子吸收分光光度法：GB/T 17136—1997［S］. 北京：中国标准出版社，1997.
[15] 国家环境保护局科技标准司. 土壤质量　铅、镉的测定　KI-MIBK萃取火焰原子吸收分光光度法：GB/T 17140—1997［S］. 北京：中国标准出版社，1997.
[16] 国家环境保护局科技标准司. 土壤质量　铅、镉的测定　石墨炉原子吸收分光光度法：GB/T 17141—1997［S］. 北京：中国标准出版社，1997.
[17] 国家环境保护总局. 土壤质量　词汇：GB/T 18834—2002［S］. 北京：中国标准出版社，2002.
[18] 中华人民共和国卫生部. 土壤中放射性核素的γ能谱分析方法：GB/T 11743—2013［S］. 北京：中国标准出版社，2013.
[19] 中华人民共和国农业农村部. 种植根茎类蔬菜的旱地土壤镉、铅、铬、汞、砷安全阈值：GB/T 36783—2018［S］. 北京：中国标准出版社，2018.
[20] 中华人民共和国农业农村部. 水稻生产的土壤镉、铅、铬、汞、砷安全阈值：GB/T 36869—2018［S］. 北京：中国标准出版社，2018.
[21] 中华人民共和国农业农村部. 土壤微生物呼吸的实验室测定方法：GB/T 32720—2016［S］. 北京：中国标准出版社，2016.
[22] 中华人民共和国农业部. 土壤质量　土壤样品长期和短期保存指南：GB/T 32722—2016［S］. 北京：中国标准出版社，2016.

[23] 中华人民共和国农业部. 记录土壤和现场信息的格式：GB/T 32724—2016 [S]. 北京：中国标准出版社，2016.
[24] 中华人民共和国农业部. 实验室测定微生物过程、生物量与多样性用土壤的好氧采集、处理及贮存指南：GB/T 32725—2016 [S]. 北京：中国标准出版社，2016.
[25] 中华人民共和国农业部. 土壤质量　野外土壤描述：GB/T 32726—2016 [S]. 北京：中国标准出版社，2016.
[26] 中华人民共和国农业农村部. 土壤质量　土壤采样程序设计指南：GB/T 36199—2018 [S]. 北京：中国标准出版社，2018.
[27] 中华人民共和国农业农村部. 土壤质量　城市及工业场地土壤污染调查方法指南：GB/T 36200—2018 [S]. 北京：中国标准出版社，2018.
[28] 中华人民共和国农业农村部. 土壤质量　自然、近自然及耕作土壤调查程序指南：GB/T 36393—2018 [S]. 北京：中国标准出版社，2018.
[29] 中华人民共和国林业部. 森林土壤烧失量的测定：GB/T 7876—1987 [S]. 北京：中国标准出版社，1987.
[30] 中华人民共和国农业部. 土壤微生物生物量的测定　底物诱导呼吸法：GB/T 32723—2016 [S]. 北京：中国标准出版社，2016.
[31] 中国机械工业联合会. 土壤耕作机械　锄铲　安装尺寸：GB 19989—2005 [S]. 北京：中国标准出版社，2005.
[32] 中国机械工业联合会. 土壤耕作机械　桦式犁工作部件　词汇：GB/T 20089—2006 [S]. 北京：中国标准出版社，2006.
[33] 中国机械工业联合会. 土壤耕作机械　旋转式中耕机刀片　安装尺寸：GB/T 20087—2006 [S]. 北京：中国标准出版社，2006.
[34] 中国机械工业联合会. 土壤全磷测定法：GB/T 9837—1988 [S]. 北京：中国标准出版社，1988.
[35] 中国标准化研究院 . 中国土壤分类与代码：GB/T 17296—2009 [S]. 北京：中国标准出版社，2009.
[36] 中国气象局 . 土壤水分观测　频域反射法：GB/T 33705—2017 [S]. 北京：中国标准出版社，2017.

农业标准

[1] 中华人民共和国农业部. 土壤中全硒的测定：NY/T 1104—2006 [S]. 北京：中国农业出版社，2006.
[2] 中华人民共和国农业部. 土壤检测　第 1 部分：土壤样品的采集、处理和贮存：NY/T 1121.1—2006 [S]. 北京：中国农业出版社，2006.
[3] 中华人民共和国农业部. 土壤检测　第 2 部分：土壤 pH 的测定：NY/T 1121.2—2006 [S]. 北京：中国农业出版社，2006.
[4] 中华人民共和国农业部. 土壤检测　第 3 部分：土壤机械组成的测定：NY/T 1121.3—2006 [S]. 北京：中国农业出版社，2006.
[5] 中华人民共和国农业部. 土壤检测　第 4 部分：土壤容重的测定：NY/T 1121.4—2006 [S]. 北京：中国农业出版社，2006.
[6] 中华人民共和国农业部. 土壤检测　第 5 部分：石灰性土壤阳离子交换量的测定：NY/T 1121.5—2006 [S]. 北京：中国农业出版社，2006.
[7] 中华人民共和国农业部. 土壤检测　第 6 部分：土壤有机质的测定：NY/T 1121.6—2006 [S]. 北京：中国农业出版社，2006.
[8] 农业部种植业管理司. 土壤检测　第 7 部分：土壤有效磷的测定：NY/T 1121.7—2014 [S]. 北京：中国农业出版社，2014.
[9] 中华人民共和国农业部. 土壤检测　第 8 部分：土壤有效硼的测定：NY/T 1121.8—2006 [S]. 北京：中国农业出版社，2006.
[10] 农业部种植业管理司. 土壤检测　第 9 部分：土壤有效钼的测定：NY/T 1121.9—2012 [S]. 北京：中国农业出版社，2012.
[11] 中华人民共和国农业部. 土壤检测　第 10 部分：土壤总汞的测定：NY/T 1121.10—2006 [S]. 北京：中国农业出版社，2006.
[12] 中华人民共和国农业部. 土壤检测　第 11 部分：土壤总砷的测定：NY/T 1121.11—2006 [S]. 北京：中国农业出版社，2006.
[13] 中华人民共和国农业部. 土壤检测　第 12 部分：土壤总铬的测定：NY/T 1121.12—2006 [S]. 北京：中国农业出版社，2006.
[14] 中华人民共和国农业部. 土壤检测　第 13 部分：土壤交换性钙和镁的测定：NY/T 1121.13—2006 [S]. 北京：中国农业出版社，2006.

[15] 中华人民共和国农业部. 土壤检测　第 14 部分：土壤有效硫的测定：NY/T 1121. 14—2006 [S]. 北京：中国农业出版社，2006.
[16] 中华人民共和国农业部. 土壤检测　第 15 部分：土壤有效硅的测定：NY/T 1121. 15—2006 [S]. 北京：中国农业出版社，2006.
[17] 中华人民共和国农业部. 土壤检测　第 16 部分：土壤水溶性盐总量的测定：NY/T 1121. 16—2006 [S]. 北京：中国农业出版社，2006.
[18] 中华人民共和国农业部. 土壤检测　第 17 部分：土壤氯离子含量的测定：NY/T 1121. 17—2006 [S]. 北京：中国农业出版社，2006.
[19] 中华人民共和国农业部. 土壤检测　第 18 部分：土壤硫酸根离子含量的测定：NY/T 1121. 18—2006 [S]. 北京：中国农业出版社，2006.
[20] 中华人民共和国农业部种植业管理司. 土壤检测　第 19 部分：土壤水稳性大团聚体组成的测定：NY/T 1121. 19—2008 [S]. 北京：中国农业出版社，2008.
[21] 中华人民共和国农业部种植业管理司. 土壤检测　第 20 部分：土壤微团聚体组成的测定：NY/T 1121. 20—2008 [S]. 北京：中国农业出版社，2008.
[22] 中华人民共和国农业部种植业管理司. 土壤检测　第 21 部分：土壤最大吸湿量的测定：NY/T 1121. 21—2008 [S]. 北京：中国农业出版社，2008.
[23] 中华人民共和国农业部. 土壤检测　第 22 部分：土壤田间持水量的测定-环刀法：NY/T 1121. 22—2010 [S]. 北京：中国农业出版社，2010.
[24] 中华人民共和国农业部. 土壤检测　第 23 部分：土粒密度的测定：NY/T 1121. 23—2010 [S]. 北京：中国农业出版社，2010.
[25] 中华人民共和国农业部种植业管理司. 土壤检测　第 24 部分：土壤全氮的测定　自动定氮仪法：NY/T 1121. 24—2012 [S]. 北京：中国农业出版社，2012.
[26] 中华人民共和国农业部种植业管理司. 土壤检测　第 25 部分：土壤有效磷的测定　连续流动分析仪法：NY/T 1121. 25—2012 [S]. 北京：中国农业出版社，2012.

[27] 中华人民共和国农业部. 土壤 pH 的测定：NY/T 1377—2007 [S]. 北京：中国农业出版社，2007.
[28] 中华人民共和国农业部. 土壤氯离子含量的测定：NY/T 1378—2007 [S]. 北京：中国农业出版社，2007.
[29] 中华人民共和国农牧渔业部. 土壤有效硼测定方法：NY/T 149—1990 [S]. 北京：中国农业出版社，1990.
[30] 中华人民共和国农业部. 土壤质量　重金属测定　王水回流消解原子吸收法：NY/T 1613—2008 [S]. 北京：中国农业出版社，2008.
[31] 中华人民共和国农业部种植业管理司. 石灰性土壤交换性盐基及盐基总量的测定：NY/T 1615—2008 [S]. 北京：中国农业出版社，2008.
[32] 中华人民共和国农业部种植业管理司. 土壤中 9 种磺酰脲类除草剂残留量的测定　液相色谱-质谱法：NY/T 1616—2008 [S]. 北京：中国农业出版社，2008.
[33] 中华人民共和国农业部. 中性、石灰性土壤铵态氮、有效磷、速效钾的测定联合浸提-比色法：NY/T 1848—2010 [S]. 北京：中国农业出版社，2010.
[34] 中华人民共和国农业部. 酸性土壤铵态氮、有效磷、速效钾的测定联合浸提-比色法：NY/T 1849—2010 [S]. 北京：中国农业出版社，2010.
[35] 种植业管理司. 土壤腐殖质组成的测定　焦磷酸钠-氢氧化钠提取重铬酸钾氧化容量法：NY/T 1867—2010 [S]. 北京：中国农业出版社，2010.
[36] 中华人民共和国农业部种植业管理司. 土壤中 13 种磺酰脲类除草剂残留量的测定　液相色谱串联质谱法：NY/T 2067—2011 [S]. 北京：中国农业出版社，2011.
[37] 种植业管理司. 土壤凋萎含水量的测定　生物法：NY/T 2367—2013 [S]. 北京：中国农业出版社，2013.
[38] 中华人民共和国农业部. 中性土壤阳离子交换量和交换性盐基的测定：NY/T 295—1995 [S]. 北京：中国农业出版社，1995.
[39] 中华人民共和国农业部. 土壤全量钙、镁、钠的测定：NY/T 296—1995 [S]. 北京：中国农业出版社，1995.

[40] 中华人民共和国农牧渔业部. 土壤中氧化稀土总量的测定　对马尿酸偶氮氯膦分光光度法：NY/T 30—1986［S］. 北京：中国农业出版社，1986.
[41] 中华人民共和国农业部. 土壤水溶性钙和水溶性镁的测定：NY/T 3242—2018［S］. 北京：中国农业出版社，2018.
[42] 中华人民共和国农牧渔业部. 土壤水分测定法：NY/T 52—1987［S］. 北京：中国农业出版社，1987.
[43] 中华人民共和国农牧渔业部. 土壤全氮测定法（半微量开氏法）：NY/T 53—1987［S］. 北京：中国农业出版社，1987.
[44] 中华人民共和国农牧渔业部. 土壤有机质测定法：NY/T 85—1988［S］. 北京：中国农业出版社，1988.
[45] 中华人民共和国农牧渔业部. 土壤碳酸盐测定法：NY/T 86—1988［S］. 北京：中国农业出版社，1988.
[46] 中华人民共和国农牧渔业部. 土壤全钾测定法：NY/T 87—1988［S］. 北京：中国农业出版社，1988.
[47] 中华人民共和国农业部. 土壤速效钾和缓效钾含量的测定：NY/T 889—2004［S］. 北京：中国农业出版社，2004.
[48] 中华人民共和国农业部. 土壤有效态锌、锰、铁、铜含量的测定　二乙三胺五乙酸（DTPA）浸提法：NY/T 890—2004［S］. 北京：中国农业出版社，2004.
[49] 中华人民共和国农业农村部. 耕地质量监测技术规程：NY/T 1119—2019［S］. 北京：中国农业出版社，2019.
[50] 中华人民共和国农业部. 农田土壤墒情监测技术规范：NY/T 1782—2009［S］. 北京：中国农业出版社，2009.
[51] 中华人民共和国农业部. 氯化苦土壤消毒技术规程：NY/T 2725—2015［S］. 北京：中国农业出版社，2015.
[52] 中华人民共和国农业农村部. 石灰质改良酸化土壤技术规范：NY/T 3443—2019［S］. 北京：中国农业出版社，2019.
[53] 中华人民共和国农业部. 农田土壤环境质量监测技术规范：NY/T 395—2012［S］. 北京：中国农业出版社，2012.
[54] 中华人民共和国农业部. 南方地区耕地土壤肥力诊断与评价：NY/T 1749—2009［S］. 北京：中国农业出版社，2009.

林业标准

[1] 国家林业局. 森林土壤含水量的测定：LY/T 1213—1999 [S]. 北京：中国标准出版社，1999.

[2] 国家林业局. 森林土壤土水势的测定：LY/T 1214—1999 [S]. 北京：中国标准出版社，1999.

[3] 国家林业局. 森林土壤水分-物理性质的测定：LY/T 1215—1999 [S]. 北京：中国标准出版社，1999.

[4] 国家林业局. 森林土壤最大吸湿量的测定：LY/T 1216—1999 [S]. 北京：中国标准出版社，1999.

[5] 国家林业局. 森林土壤稳定凋萎含水量的测定：LY/T 1217—1999 [S]. 北京：中国标准出版社，1999.

[6] 国家林业局. 森林土壤渗透性的测定：LY/T 1218—1999 [S]. 北京：中国标准出版社，1999.

[7] 国家林业局. 森林土壤温度的测定：LY/T 1219—1999 [S]. 北京：中国标准出版社，1999.

[8] 国家林业局. 森林土壤呼吸强度的测定：LY/T 1220—1999 [S]. 北京：中国标准出版社，1999.

[9] 国家林业局. 森林土壤空气中二氧化碳含量的测定：LY/T 1221—1999 [S]. 北京：中国标准出版社，1999.

[10] 国家林业局. 森林土壤溶液中氧含量的测定：LY/T 1222—1999 [S]. 北京：中国标准出版社，1999.

[11] 国家林业局. 森林土壤坚实度的测定：LY/T 1223—1999 [S]. 北京：中国标准出版社，1999.

[12] 国家林业局. 森林土壤土粒密度的测定：LY/T 1224—1999 [S]. 北京：中国标准出版社，1999.

[13] 国家林业局. 森林土壤颗粒组成（机械组成）的测定：LY/T 1225—1999 [S]. 北京：中国标准出版社，1999.

[14] 国家林业局. 森林土壤微团聚体组成的测定：LY/T 1226—1999 [S]. 北京：中国标准出版社，1999.

[15] 国家林业局. 森林土壤大团聚体组成的测定：LY/T 1227—1999 [S]. 北京：中国标准出版社，1999.

[16] 国家林业局. 森林土壤氮的测定：LY/T 1228—2015 [S]. 北京：

中国标准出版社，2015.
[17] 国家林业局. 森林土壤磷的测定：LY/T 1232—2015 [S]. 北京：中国标准出版社，2015.
[18] 国家林业局. 森林土壤钾的测定：LY/T 1234—2015 [S]. 北京：中国标准出版社，2015.
[19] 国家林业局. 森林土壤有机质的测定及碳氮比的计算：LY/T 1237—1999 [S]. 北京：中国标准出版社，1999.
[20] 国家林业局. 森林土壤腐殖质组成的测定：LY/T 1238—1999 [S]. 北京：中国标准出版社，1999.
[21] 国家林业局. 森林土壤 pH 值的测定：LY/T 1239—1999 [S]. 北京：中国标准出版社，1999.
[22] 国家林业局. 森林土壤交换性酸度的测定：LY/T 1240—1999 [S]. 北京：中国标准出版社，1999.
[23] 国家林业局. 森林土壤水解性总酸度的测定：LY/T 1241—1999 [S]. 北京：中国标准出版社，1999.
[24] 国家林业局. 森林土壤石灰施用量的测定：LY/T 1242—1999 [S]. 北京：中国标准出版社，1999.
[25] 国家林业局. 森林土壤阳离子交换量的测定：LY/T 1243—1999 [S]. 北京：中国标准出版社，1999.
[26] 国家林业局. 森林土壤交换性盐基总量的测定：LY/T 1244—1999 [S]. 北京：中国标准出版社，1999.
[27] 国家林业局. 森林土壤交换性钙和镁的测定：LY/T 1245—1999 [S]. 北京：中国标准出版社，1999.
[28] 国家林业局. 森林土壤交换性钾和钠的测定：LY/T 1246—1999 [S]. 北京：中国标准出版社，1999.
[29] 国家林业局. 森林土壤盐基饱和度的计算：LY/T 1247—1999 [S]. 北京：中国标准出版社，1999.
[30] 国家林业局. 碱化土壤交换性钠的测定：LY/T 1248—1999 [S]. 北京：中国标准出版社，1999.
[31] 国家林业局. 土壤碱化度的计算：LY/T 1249—1999 [S]. 北京：中国标准出版社，1999.
[32] 国家林业局. 森林土壤碳酸钙的测定：LY/T 1250—1999 [S]. 北京：中国标准出版社，1999.

[33] 国家林业局. 森林土壤水溶性盐分分析：LY/T 1251—1999 [S]. 北京：中国标准出版社，1999.
[34] 国家林业局. 森林土壤粘粒（<0.002mm）的提取：LY/T 1252—1999 [S]. 北京：中国标准出版社，1999.
[35] 国家林业局. 森林土壤矿质全量素（铁、铝、钛、锰、钙、镁、磷）烧失量的测定：LY/T 1253—1999 [S]. 北京：中国标准出版社，1999.
[36] 国家林业局. 森林土壤全钾、全钠的测定：LY/T 1254—1999 [S]. 北京：中国标准出版社，1999.
[37] 国家林业局. 森林土壤全硫的测定：LY/T 1255—1999 [S]. 北京：中国标准出版社，1999.
[38] 国家林业局. 森林土壤强酸消化素的测定：LY/T 1256—1999 [S]. 北京：中国标准出版社，1999.
[39] 国家林业局. 森林土壤浸提性铁、铝、锰、硅、碳的测定：LY/T 1257—1999 [S]. 北京：中国标准出版社，1999.
[40] 国家林业局. 森林土壤有效硼的测定：LY/T 1258—1999 [S]. 北京：中国标准出版社，1999.
[41] 国家林业局. 森林土壤有效钼的测定：LY/T 1259—1999 [S]. 北京：中国标准出版社，1999.
[42] 国家林业局. 森林土壤有效铜的测定：LY/T 1260—1999 [S]. 北京：中国标准出版社，1999.
[43] 国家林业局. 森林土壤有效锌的测定：LY/T 1261—1999 [S]. 北京：中国标准出版社，1999.
[44] 国家林业局. 森林土壤有效铁的测定：LY/T 1262—1999 [S]. 北京：中国标准出版社，1999.
[45] 国家林业局. 森林土壤交换性锰的测定：LY/T 1263—1999 [S]. 北京：中国标准出版社，1999.
[46] 国家林业局. 森林土壤易还原锰的测定：LY/T 1264—1999 [S]. 北京：中国标准出版社，1999.
[47] 国家林业局. 森林土壤有效硫的测定：LY/T 1265—1999 [S]. 北京：中国标准出版社，1999.
[48] 国家林业局. 森林土壤有效硅的测定：LY/T 1266—1999 [S]. 北京：中国标准出版社，1999.

[49] 国家林业局. 森林土壤水化学分析：LY/T 1275—1999 [S]. 北京：中国标准出版社，1999.
[50] 北京林业大学. 森林土壤调查技术规程：LY/T 2250—2014 [S]. 北京：中国标准出版社，2014.
[51] 国家林业局. 森林土壤样品的采集与制备：LY/T 1210—1999 [S]. 北京：中国标准出版社，1999.
[52] 国家林业局. 森林土壤水和天然水样品的采集与保存：LY/T 1212—1999 [S]. 北京：中国标准出版社，1999.

生态环境标准

[1] 中华人民共和国环境保护部. 污染地块风险管控与土壤修复效果评估技术导则：HJ 25.5—2018 [S]. 北京：中国环境科学出版社，2018.
[2] 中华人民共和国环境保护部. 土壤和沉积物　石油烃（C_6-C_9）的测定　吹扫捕集/气相色谱法：HJ 1020—2019 [S]. 北京：中国环境科学出版社，2019.
[3] 中华人民共和国环境保护部. 土壤和沉积物　石油烃（C_{10}-C_{40}）的测定　气相色谱法：HJ 1021—2019 [S]. 北京：中国环境科学出版社，2019.
[4] 中华人民共和国环境保护部. 土壤和沉积物　苯氧羧酸类农药的测定　高效液相色谱法：HJ 1022—2019 [S]. 北京：中国环境科学出版社，2019.
[5] 中华人民共和国环境保护部. 土壤和沉积物　有机磷类和拟除虫菊酯类等 47 种农药的测定　气相色谱-质谱法：HJ 1023—2019 [S]. 北京：中国环境科学出版社，2019.
[6] 中华人民共和国环境保护部. 土壤和沉积物　铜、锌、铅、镍、铬的测定　火焰原子吸收分光光度法：HJ 491—2019 [S]. 北京：中国环境科学出版社，2019.
[7] 中华人民共和国环境保护部. 土壤和沉积物　挥发性有机物的测定　吹扫捕集/气相色谱-质谱法：HJ 605—2011 [S]. 北京：中国环境科学出版社，2011.
[8] 中华人民共和国环境保护部. 土壤　干物质和水分的测定　重量法：HJ 613—2011 [S]. 北京：中国环境科学出版社，2011.

［9］中华人民共和国环境保护部. 土壤　毒鼠强的测定　气相色谱法：HJ 614—2011［S］. 北京：中国环境科学出版社，2011.
［10］中华人民共和国环境保护部. 土壤　有机碳的测定　重铬酸钾氧化-分光光度法：HJ 615—2011［S］. 北京：中国环境科学出版社，2011.
［11］中华人民共和国环境保护部. 土壤　可交换酸度的测定　氯化钡提取-滴定法：HJ 631—2011［S］. 北京：中国环境科学出版社，2011.
［12］中华人民共和国环境保护部. 土壤　总磷的测定　碱熔-钼锑抗分光光度法：HJ 632—2011［S］. 北京：中国环境科学出版社，2011.
［13］中华人民共和国环境保护部. 土壤　氨氮、亚硝酸盐氮、硝酸盐氮的测定　氯化钾溶液提取-分光光度法：HJ 634—2012［S］. 北京：中国环境科学出版社，2012.
［14］中华人民共和国环境保护部. 土壤　水溶性和酸溶性硫酸盐的测定　重量法：HJ 635—2012［S］. 北京：中国环境科学出版社，2012.
［15］中华人民共和国环境保护部. 土壤和沉积物　挥发性有机物的测定　顶空/气相色谱-质谱法：HJ 642—2013［S］. 北京：中国环境科学出版社，2013.
［16］中华人民共和国环境保护部. 土壤　可交换酸度的测定　氯化钾提取-滴定法：HJ 649—2013［S］. 北京：中国环境科学出版社，2013.
［17］中华人民共和国环境保护部. 土壤、沉积物　二噁英类的测定　同位素稀释/高分辨气相色谱-低分辨质谱法：HJ 650—2013［S］. 北京：中国环境科学出版社，2013.
［18］中华人民共和国环境保护部. 土壤　有机碳的测定　燃烧氧化-滴定法：HJ 658—2013［S］. 北京：中国环境科学出版社，2013.
［19］中华人民共和国环境保护部. 土壤和沉积物　丙烯醛、丙烯腈、乙腈的测定　顶空-气相色谱法：HJ 679—2013［S］. 北京：中国环境科学出版社，2013.
［20］中华人民共和国环境保护部. 土壤和沉积物　汞、砷、硒、铋、锑的测定　微波消解原子荧光法：HJ 680—2013［S］. 北京：中

国环境科学出版社，2013.
[21] 中华人民共和国环境保护部. 土壤　有机碳的测定　燃烧氧化-非分散红外法：HJ 695—2014 [S]. 北京：中国环境科学出版社，2014.
[22] 中华人民共和国环境保护部. 土壤和沉积物　酚类化合物的测定　气相色谱法：HJ 703—2014 [S]. 北京：中国环境科学出版社，2014.
[23] 中华人民共和国环境保护部. 土壤　有效磷的测定　碳酸氢钠浸提-钼锑抗分光光度法：HJ 704—2014 [S]. 北京：中国环境科学出版社，2014.
[24] 中华人民共和国环境保护部. 土壤质量　全氮的测定　凯氏法：HJ 717—2014 [S]. 北京：中国环境科学出版社，2014.
[25] 中华人民共和国环境保护部. 土壤和沉积物　二噁英类的测定　同位素稀释高分辨气相色谱-高分辨质谱法：HJ 77.4—2008 [S]. 北京：中国环境科学出版社，2008.
[26] 中华人民共和国环境保护部. 土壤和沉积物　无机元素的测定　波长色散X射线荧光光谱法：HJ 780—2015 [S]. 北京：中国环境科学出版社，2015.
[27] 中华人民共和国环境保护部. 土壤　电导率的测定　电极法：HJ 802—2016 [S]. 北京：中国环境科学出版社，2016.
[28] 中华人民共和国环境保护部. 土壤和沉积物　12种金属元素的测定　王水提取-电感耦合等离子体质谱法：HJ 803—2016 [S]. 北京：中国环境科学出版社，2016.
[29] 中华人民共和国环境保护部. 土壤　8种有效态元素的测定　二乙烯三胺五乙酸浸提-电感耦合等离子　体发射光谱法：HJ 804—2016 [S]. 北京：中国环境科学出版社，2016.
[30] 中华人民共和国环境保护部. 土壤和沉积物　多环芳烃的测定　气相色谱-质谱法：HJ 805—2016 [S]. 北京：中国环境科学出版社，2016.
[31] 中华人民共和国环境保护部. 水和土壤样品中钚的放射化学分析方法：HJ 814—2016 [S]. 北京：中国环境科学出版社，2016.
[32] 中华人民共和国环境保护部. 土壤　水溶性氟化物和总氟化物的测定　离子选择电极法：HJ 873—2017 [S]. 北京：中国环境科

学出版社，2017.
[33] 中华人民共和国环境保护部. 土壤　阳离子交换量的测定　三氯化六氨合钴浸提-分光光度法：HJ 889—2017 [S]. 北京：中国环境科学出版社，2017.
[34] 中华人民共和国环境保护部. 土壤和沉积物　多氯联苯混合物的测定　气相色谱法：HJ 890—2017 [S]. 北京：中国环境科学出版社，2017.
[35] 中华人民共和国环境保护部. 土壤和沉积物　有机物的提取　超声波萃取法：HJ 911—2017 [S]. 北京：中国环境科学出版社，2017.
[36] 中华人民共和国环境保护部. 土壤和沉积物　有机氯农药的测定　气相色谱法：HJ 921—2017 [S]. 北京：中国环境科学出版社，2017.
[37] 中华人民共和国环境保护部. 土壤和沉积物　多氯联苯的测定　气相色谱法：HJ 922—2017 [S]. 北京：中国环境科学出版社，2017.
[38] 中华人民共和国环境保护部. 土壤和沉积物　总汞的测定　催化热解/冷原子吸收分光光度法：HJ 923—2017 [S]. 北京：中国环境科学出版社，2017.
[39] 中华人民共和国环境保护部. 土壤和沉积物　多溴二苯醚的测定　气相色谱-质谱法：HJ 952—2018 [S]. 北京：中国环境科学出版社，2018.
[40] 中华人民共和国环境保护部. 土壤和沉积物　氨基甲酸酯类农药的测定　柱后衍生-高效液相色谱法：HJ 960—2018 [S]. 北京：中国环境科学出版社，2018.
[41] 中华人民共和国环境保护部. 土壤和沉积物　氨基甲酸酯类农药的测定　高效液相色谱-三重四极杆质谱法：HJ 961—2018 [S]. 北京：中国环境科学出版社，2018.
[42] 中华人民共和国环境保护部. 土壤　pH 值的测定　电位法：HJ 962—2018 [S]. 北京：中国环境科学出版社，2018.
[43] 中华人民共和国环境保护部. 土壤和沉积物 11 种元素的测定　碱熔-电感耦合等离子体发射光谱法：HJ 974—2018 [S]. 北京：中国环境科学出版社，2018.

［44］中华人民共和国环境保护部．土壤和沉积物醛、酮类化合物的测定　高效液相色谱法：HJ 997—2018［S］．北京：中国环境科学出版社，2018．
［45］中华人民共和国环境保护部．土壤和沉积物挥发酚的测定　4-氨基安替比林分光光度法：HJ 998—2018［S］．北京：中国环境科学出版社，2018．
［46］中华人民共和国环境保护部．土壤环境监测技术规范：HJ/T 166—2004［S］．北京：中国环境科学出版社，2004．
［47］中华人民共和国环境保护部．环境影响评价技术导则　土壤环境（试行）：HJ 964—2018［S］．北京：中国环境科学出版社，2018．
［48］中华人民共和国环境保护部．地块土壤和地下水中挥发性有机物采样技术导则：HJ 1019—2019［S］．北京：中国环境科学出版社，2019．

附录二　肥料相关标准目录

主要化学肥料标准

[1] 中国石油和化学工业协会. 尿素的测定方法　第 1 部分：总氮含量：GB/T 2441.1—2008 [S]. 北京：中国标准出版社，2008.

[2] 中国石油和化学工业协会. 尿素的测定方法　第 2 部分：缩二脲含量　分光光度法：GB/T 2441.2—2010 [S]. 北京：中国标准出版社，2010.

[3] 中国石油和化学工业协会. 尿素的测定方法　第 3 部分：水分　卡尔·费休法：GB/T 2441.3—2010 [S]. 北京：中国标准出版社，2010.

[4] 中国石油和化学工业协会. 尿素的测定方法　第 4 部分：铁含量　邻菲啰啉分光光度法：GB/T 2441.4—2010 [S]. 北京：中国标准出版社，2010.

[5] 中国石油和化学工业协会. 尿素的测定方法　第 5 部分：碱度　容量法：GB/T 2441.5—2010 [S]. 北京：中国标准出版社，2010.

[6] 中国石油和化学工业协会. 尿素的测定方法　第 6 部分：水不溶物含量　重量法：GB/T 2441.6—2010 [S]. 北京：中国标准出版社，2010.

[7] 中国石油和化学工业协会. 尿素的测定方法　第 7 部分：粒度　筛分法：GB/T 2441.7—2010 [S]. 北京：中国标准出版社，2010.

[8] 中国石油和化学工业协会. 尿素的测定方法　第 8 部分：硫酸盐含量　目视比浊法：GB/T 2441.8—2010 [S]. 北京：中国标准出版社，2010.

[9] 中国石油和化学工业协会. 尿素的测定方法　第 9 部分：亚甲基二脲含量　分光光度法：GB/T 2441.9—2010 [S]. 北京：中国标准出版社，2010.

［10］中国石油和化学工业协会. 磷酸一铵、磷酸二铵的测定方法　第1部分：总氮含量：GB/T 10209.1—2008［S］. 北京：中国标准出版社，2008.
［11］中国石油和化学工业协会. 磷酸一铵、磷酸二铵的测定方法　第2部分：磷含量：GB/T 10209.2—2010［S］. 北京：中国标准出版社，2010.
［12］中国石油和化学工业协会. 磷酸一铵、磷酸二铵的测定方法　第3部分：水分：GB/T 10209.3—2010［S］. 北京：中国标准出版社，2010.
［13］中国石油和化学工业协会. 磷酸一铵、磷酸二铵的测定方法　第4部分：粒度：GB/T 10209.4—2010［S］. 北京：中国标准出版社，2010.
［14］中国石油和化学工业协会. 硝酸磷肥中总氮含量的测定　蒸馏后滴定法：GB/T 10511—2008［S］. 北京：中国标准出版社，2008.
［15］中国石油和化学工业协会. 硝酸磷肥中磷含量的测定　磷钼酸喹啉重量法：GB/T 10512—2008［S］. 北京：中国标准出版社，2008.
［16］中国石油和化学工业协会. 硝酸磷肥中游离水含量的测定　卡尔·费休法：GB/T 10513—2012［S］. 北京：中国标准出版社，2012.
［17］中国石油和化学工业协会. 硝酸磷肥中游离水含量的测定　烘箱法：GB/T 10514—2012［S］. 北京：中国标准出版社，2012.
［18］中国石油和化学工业协会. 硝酸磷肥粒度的测定：GB/T 10515—2012［S］. 北京：中国标准出版社，2012.
［19］中国石油和化学工业协会. 复混肥料实验室样品的制备：GB/T 8571—2008［S］. 北京：中国标准出版社，2008.
［20］中国石油和化学工业协会. 复混肥料中总氮含量的测定　蒸馏后滴定法：GB/T 8572—2010［S］. 北京：中国标准出版社，2010.
［21］中国石油和化学工业联合会. 复混肥料中有效磷含量的测定：GB/T 8573—2017［S］. 北京：中国标准出版社，2017.
［22］中国石油和化学工业协会. 复混肥料中钾含量的测定　四苯硼酸钾重量法：GB/T 8574—2010［S］. 北京：中国标准出版社，2010.

[23] 中国石油和化学工业协会. 复混肥料中游离水含量的测定　真空烘箱法：GB/T 8576—2010 [S]. 北京：中国标准出版社，2010.
[24] 中国石油和化学工业协会. 复混肥料中游离水含量的测定　卡尔·费休法：GB/T 8577—2010 [S]. 北京：中国标准出版社，2010.
[25] 中国石油和化学工业协会. 复混肥料中铜、铁、锰、锌、硼、钼含量的测定：GB/T 14540—2003 [S]. 北京：中国标准出版社，2003.
[26] 中国石油和化学工业协会. 复混肥料中钙、镁、硫含量的测定：GB/T 19203—2003 [S]. 北京：中国标准出版社，2003.
[27] 中国石油和化学工业协会. 复混肥料（复合肥料）中缩二脲含量的测定：GB/T 22924—2008 [S]. 北京：中国标准出版社，2008.
[28] 中国石油和化学工业协会. 复混肥料中氯离子含量的测定：GB/T 24890—2010 [S]. 北京：中国标准出版社，2010.
[29] 中国石油和化学工业协会. 复混肥料粒度的测定：GB/T 24891—2010 [S]. 北京：中国标准出版社，2010.
[30] 中国石油和化学工业协会. 有机-无机复混肥料的测定方法　第1部分：总氮含量：GB/T 17767.1—2008 [S]. 北京：中国标准出版社，2008.
[31] 中国石油和化学工业协会. 有机-无机复混肥料的测定方法　第2部分：总磷含量：GB/T 17767.2—2010 [S]. 北京：中国标准出版社，2010.
[32] 中国石油和化学工业协会. 有机-无机复混肥料的测定方法　第3部分：总钾含量：GB/T 17767.3—2010 [S]. 北京：中国标准出版社，2010.
[33] 中国石油和化学工业协会. 肥料中氮、磷、钾的自动分析仪测定法：GB/T 22923—2008 [S]. 北京：中国标准出版社，2008.
[34] 中国石油和化学工业协会. 肥料堆密度的测定　第1部分：疏松堆密度：GB/T 13566.1—2008 [S]. 北京：中国标准出版社，2008.
[35] 中国石油和化学工业联合会. 尿素：GB/T 2440—2017 [S]. 北京：中国标准出版社，2017.
[36] 中华人民共和国化学工业部. 硫酸铵：GB/T 535—1995 [S]. 北

京：中国标准出版社，1995.
[37] 中国石油和化学工业联合会. 硝酸铵：GB/T 2945—2017 [S]. 北京：中国标准出版社，2017.
[38] 中国石油和化学工业联合会. 氯化铵：GB/T 2946—2018 [S]. 北京：中国标准出版社，2018.
[39] 国家石油和化学工业局. 农业用碳酸氢铵：GB/T 3559—2001 [S]. 北京：中国标准出版社，2001.
[40] 中国石油和化学工业联合会. 液体无水氨：GB/T 536—2017 [S]. 北京：中国标准出版社，2018.
[41] 中国石油和化学工业协会. 磷酸一铵、磷酸二铵：GB/T 10205—2009 [S]. 北京：中国标准出版社，2009.
[42] 中国石油和化学工业协会. 钙镁磷肥：GB/T 20412—2006 [S]. 北京：中国标准出版社，2006.
[43] 中国石油和化学工业联合会. 过磷酸钙：GB/T 20413—2017 [S]. 北京：中国标准出版社，2017.
[44] 中国石油和化学工业协会. 重过磷酸钙：GB/T 21634—2008 [S]. 北京：中国标准出版社，2008.
[45] 中国石油和化学工业协会. 硝酸磷肥、硝酸磷钾肥：GB/T 10510—2007 [S]. 北京：中国标准出版社，2007.
[46] 中国石油和化学工业联合会. 氯化钾：GB/T 6549—2011 [S]. 北京：中国标准出版社，2011.
[47] 中国石油和化学工业联合会. 肥料级氯化钾：GB/T 37918—2019 [S]. 北京：中国标准出版社，2019.
[48] 中国石油和化学工业联合会. 农业用硫酸钾：GB/T 20406—2017 [S]. 北京：中国标准出版社，2017.
[49] 中国石油和化学工业联合会. 农业用硝酸钾：GB/T 20784—2018 [S]. 北京：中国标准出版社，2018.
[50] 中国石油和化学工业联合会. 肥料级磷酸二氢钾：HG/T 2321—2016 [S]. 北京：化学工业出版社，2017.
[51] 中华人民共和国化学工业部科技司. 氰氨化钙：HG/T 2427—1993 [S]. 北京：化学工业出版社，1993.
[52] 化学工业部技术监督司. 钙镁磷钾肥：HG/T 2598—1994 [S]. 北京：化学工业出版社，1994.

[53] 中华人民共和国原化学工业部技术监督司. 肥料级磷酸氢钙：HG/T 3275—1999 [S]. 北京：化学工业出版社，1999.
[54] 中国石油和化学工业协会. 复混肥料（复合肥料）：GB/T 15063—2009 [S]. 北京：中国标准出版社，2009.
[55] 中国石油和化学工业联合会. 有机-无机复混肥料：GB/T 18877—2009 [S]. 北京：中国标准出版社，2009.
[56] 中国石油和化学工业协会. 掺混肥料（BB 肥）：GB/T 21633—2008 [S]. 北京：中国标准出版社，2008.
[57] 中国石油和化学工业协会. 缓释肥料：GB/T 23348—2009 [S]. 北京：中国标准出版社，2009.
[58] 国家石油和化学工业局. 肥料标识　内容和要求：GB 18382—2001 [S]. 北京：中国标准出版社，2002.

肥料和土壤调理剂标准

[1] 中华人民共和国农业部. 肥料　总氮含量的测定：NY/T 2542—2014 [S]. 北京：中国农业出版社，2014.
[2] 中华人民共和国农业部. 肥料　硝态氮、铵态氮、酰胺态氮含量的测定：NY/T 1116—2014 [S]. 北京：中国农业出版社，2014.
[3] 中华人民共和国农业部. 肥料　磷含量的测定：NY/T 2541—2014 [S]. 北京：中国农业出版社，2014.
[4] 中华人民共和国农业部. 肥料　钾含量的测定：NY/T 2540—2014 [S]. 北京：中国农业出版社，2014.
[5] 中华人民共和国农业部. 肥料　汞、砷、镉、铅、铬含量的测定：NY/T 1978—2010 [S]. 北京：中国农业出版社，2011.
[6] 中华人民共和国农业部. 肥料　三聚氰胺含量的测定：NY/T 2270—2012 [S]. 北京：中国农业出版社，2013.
[7] 中华人民共和国农业部. 水溶肥料　总氮、磷、钾含量的测定：NY/T 1977—2010 [S]. 北京：中国农业出版社，2011.
[8] 中华人民共和国农业部. 水溶肥料　钙、镁、硫、氯含量的测定：NY/T 1117—2010 [S]. 北京：中国农业出版社，2011.
[9] 中华人民共和国农业部. 水溶肥料　铜、铁、锰、锌、硼、钼含量的测定：NY/T 1974—2010 [S]. 北京：中国农业出版社，2011.
[10] 中华人民共和国农业部. 水溶肥料　腐殖酸含量的测定：NY/T

1971—2010［S］. 北京：中国农业出版社，2011.
［11］中华人民共和国农业部. 水溶肥料　游离氨基酸含量的测定：NY/T 1975—2010［S］. 北京：中国农业出版社，2011.
［12］中华人民共和国农业部. 水溶肥料　有机质含量的测定：NY/T 1976—2010［S］. 北京：中国农业出版社，2011.
［13］中华人民共和国农业部. 水溶肥料　海藻酸含量的测定：NY/T 3174—2017［S］. 北京：中国农业出版社，2018.
［14］中华人民共和国农业部. 水溶肥料　壳聚糖含量的测定：NY/T 3175—2017［S］. 北京：中国农业出版社，2018.
［15］中华人民共和国农业部. 水溶肥料　聚天门冬氨酸含量的测定：NY/T 2878—2015［S］. 北京：中国农业出版社，2016.
［16］中华人民共和国农业部. 水溶肥料　聚谷氨酸含量的测定：NY/T 3039—2016［S］. 北京：中国农业出版社，2017.
［17］中华人民共和国农业部. 水溶肥料　钠、硒、硅含量的测定：NY/T 1972—2010［S］. 北京：中国农业出版社，2011.
［18］中华人民共和国农业部. 水溶肥料　钴、钛含量测定：NY/T 2879—2015［S］. 北京：中国农业出版社，2016.
［19］中华人民共和国农业农村部. 水溶肥料　无机砷和有机砷含量的测定：NY/T 3424—2019［S］. 北京：中国农业出版社，2019.
［20］中华人民共和国农业农村部. 水溶肥料　总铬、三价铬和六价铬含量的测定：NY/T 3425—2019［S］. 北京：中国农业出版社，2019.
［21］中华人民共和国农业部. 水溶肥料　水不溶物含量和 pH 值的测定：NY/T 1973—2010［S］. 北京：中国农业出版社，2011.
［22］中华人民共和国农业部. 液体肥料　密度的测定：NY/T 887—2010［S］. 北京：中国农业出版社，2011.
［23］中华人民共和国农业部. 缓释肥料　养分释放率的测定：NY/T 3040—2016［S］. 北京：中国农业出版社，2017.
［24］中华人民共和国农业部. 肥料增效剂　双氰胺含量的测定：NY/T 2877—2015［S］. 北京：中国农业出版社，2016.
［25］中华人民共和国农业部. 肥料增效剂　2-氯-6-三氯甲基吡啶含量的测定：NY/T 3037—2016［S］. 北京：中国农业出版社，2017.
［26］中华人民共和国农业部. 肥料增效剂　正丁基硫代磷酰三胺（NBPT）和正丙基硫代磷酰三胺（NPPT）含量的测定：NY/T

3038—2016［S］. 北京：中国农业出版社，2017.
［27］中华人民共和国农业农村部. 肥料增效剂　3,4-二甲基吡唑磷酸盐（DMPP）含量的测定：NY/T 3423—2019［S］. 北京：中国农业出版社，2019.
［28］中华人民共和国农业部. 肥料和土壤调理剂　有机质分级测定：NY/T 2876—2015［S］. 北京：中国农业出版社，2016.
［29］中华人民共和国农业部. 肥料和土壤调理剂　水分含量、粒度、细度的测定：NY/T 3036—2016［S］. 北京：中国农业出版社，2017.
［30］中华人民共和国农业农村部. 肥料和土壤调理剂　氟含量的测定：NY/T 3422—2019［S］. 北京：中国农业出版社，2019.
［31］中华人民共和国农业部. 土壤调理剂　磷、钾含量的测定：NY/T 2273—2012［S］. 北京：中国农业出版社，2013.
［32］中华人民共和国农业部. 土壤调理剂　钙、镁、硅含量的测定：NY/T 2272—2012［S］. 北京：中国农业出版社，2013.
［33］中华人民共和国农业部. 土壤调理剂　铝、镍含量的测定：NY/T 3035—2016［S］. 北京：中国农业出版社，2017.
［34］中华人民共和国农业部. 大量元素水溶肥料：NY 1107—2010［S］. 北京：中国农业出版社，2011.
［35］中华人民共和国农业部. 中量元素水溶肥料：NY 2266—2012［S］. 北京：中国农业出版社，2013.
［36］中华人民共和国农业部. 微量元素水溶肥料：NY 1428—2010［S］. 北京：中国农业出版社，2011.
［37］中华人民共和国农业部. 含腐殖酸水溶肥料：NY 1106—2010［S］. 北京：中国农业出版社，2011.
［38］中华人民共和国农业部. 含氨基酸水溶肥料：NY 1429—2010［S］. 北京：中国农业出版社，2011.
［39］中华人民共和国农业部. 尿素硝酸铵溶液：NY 2670—2015［S］. 北京：中国农业出版社，2015.
［40］中华人民共和国农业部. 农业用改性硝酸铵：NY 2268—2012［S］. 北京：中国农业出版社，2013.
［41］中华人民共和国农业部. 农业用硝酸铵钙：NY 2269—2012［S］. 北京：中国农业出版社，2013.
［42］中华人民共和国农业部. 缓释肥料　通用要求：NY/T 2267—2016

[S]. 北京：中国农业出版社，2017.
[43] 中华人民共和国农业部. 土壤调理剂　通用要求：NY/T 3034—2016 [S]. 北京：中国农业出版社，2017.
[44] 中华人民共和国农业部. 农林保水剂：NY/T 886—2016 [S]. 北京：中国农业出版社，2017.
[45] 中华人民共和国农业农村部种植业管理司. 肥料增效剂　硝化抑制剂及使用规程：NY/T 3504—2019 [S]. 北京：中国农业出版社，2020.
[46] 农业农村部种植业管理司. 肥料增效剂　脲酶抑制剂及使用规程：NY/T 3505—2019 [S]. 北京：中国农业出版社，2020.
[47] 中华人民共和国农业部. 肥料效果试验和评价通用要求：NY/T 2544—2014 [S]. 北京：中国农业出版社，2014.
[48] 中华人民共和国农业部. 缓释肥料　效果试验和评价要求：NY/T 2274—2012 [S]. 北京：中国农业出版社，2013.
[49] 中华人民共和国农业部. 肥料增效剂　效果试验和评价要求：NY/T 2543—2014 [S]. 北京：中国农业出版社，2014.
[50] 中华人民共和国农业部. 土壤调理剂　效果试验和评价要求：NY/T 2271—2016 [S]. 北京：中国农业出版社，2017.
[51] 中华人民共和国农业部. 液体肥料包装技术要求：NY/T 1108—2012 [S]. 北京：中国农业出版社，2013.
[52] 中华人民共和国农业部. 水溶肥料　汞、砷、镉、铅、铬的限量要求：NY 1110—2010 [S]. 北京：中国农业出版社，2011.
[53] 农业农村部种植业管理司. 肥料　包膜材料使用风险控制准则：NY/T 3502—2019 [S]. 北京：中国农业出版社，2020.
[54] 农业农村部种植业管理司. 肥料　着色材料使用风险控制准则：NY/T 3503—2019 [S]. 北京：中国农业出版社，2020.
[55] 中华人民共和国农业部. 肥料和土壤调理剂　急性经口毒性试验及评价要求：NY/T 1980—2018 [S]. 北京：中国农业出版社，2018.
[56] 中华人民共和国农业部. 肥料和土壤调理剂　标签及标明值判定要求：NY/T 1979—2018 [S]. 北京：中国农业出版社，2018.

有机肥料标准

[1] 农业部全国土壤肥料总站. 有机肥料速效磷的测定：NY/T 300—

1995 [S]. 北京：中国标准出版社，1995.
[2] 农业部全国土壤肥料总站. 有机肥料速效钾的测定：NY/T 301—1995 [S]. 北京：中国标准出版社，1995.
[3] 农业部全国土壤肥料总站. 有机肥料粗灰分的测定：NY/T 303—1995 [S]. 北京：中国农业出版社，1995.
[4] 农业部全国土壤肥料总站. 有机肥料有机物总量的测定：NY/T 304—1995 [S]. 北京：中国农业出版社，1995.
[5] 农业部全国土壤肥料总站. 有机肥料铜的测定方法：NY/T 305. 1—1995 [S]. 北京：中国农业出版社，1995.
[6] 农业部全国土壤肥料总站. 有机肥料锌的测定方法：NY/T 305. 2—1995 [S]. 北京：中国农业出版社，1995.
[7] 农业部全国土壤肥料总站. 有机肥料铁的测定方法：NY/T 305. 3—1995 [S]. 北京：中国农业出版社，1995.
[8] 农业部全国土壤肥料总站. 有机肥料锰的测定方法：NY/T 305. 4—1995 [S]. 北京：中国农业出版社，1995.
[9] 中国石油和化学工业联合会. 有机肥料中土霉素、四环素、金霉素与强力霉素的含量测定高效液相色谱法：GB/T 32951—2016 [S]. 北京：中国标准出版社，2016.
[10] 中华人民共和国农业部种植业管理司. 有机肥料：NY 525-2012 [S]. 北京：中国农业出版社，2012.

微生物肥料标准

[1] 中华人民共和国农业部种植业管理司. 肥料中粪大肠菌群的测定：GB/T 19524. 1—2004 [S]. 北京：中国标准出版社，2004.
[2] 中华人民共和国农业部种植业管理司. 肥料中蛔虫卵死亡率的测定：GB/T 19524. 2—2004 [S]. 北京：中国标准出版社，2004.
[3] 中华人民共和国农业部种植业管理司. 微生物肥料菌种鉴定技术规范：NY/T 1736—2009 [S]. 北京：中国标准出版社，2009.
[4] 中华人民共和国农业部种植业管理司. 微生物肥料生产菌株质量评价通用技术要求：NY/T 1847—2010 [S]. 北京：中国农业出版社，2010.
[5] 中华人民共和国农业部种植业管理司. 微生物肥料生产菌株的鉴别聚合酶链式反应（PCR）法：NY/T 2066—2011 [S]. 北京：中国

农业出版社，2011.
[6] 农业部种植业管理司. 微生物肥料产品检验规程：NY 2321—2013 [S]. 北京：中国农业出版社，2013.
[7] 中华人民共和国农业部. 微生物肥料实验用培养基技术条件：NY/T 1114—2006 [S]. 北京：中国农业出版社，2006.
[8] 农业部种植业管理司. 复合微生物肥料：NY/T 798—2015 [S]. 北京：中国农业出版社，2015.
[9] 中华人民共和国农业部种植业管理司. 生物有机肥：NY 884—2012 [S]. 北京：中国农业出版社，2012.
[10] 中华人民共和国农业部. 农用微生物菌剂：GB 20287—2006 [S]. 北京：中国标准出版社，2006.
[11] 农业部种植业管理司. 农用微生物浓缩制剂：NY/T 3083—2017 [S]. 北京：中国农业出版社，2017.
[12] 中华人民共和国农业部. 硅酸盐细菌菌种：NY 882—2004 [S]. 北京：中国农业出版社，2005.
[13] 中华人民共和国农业部. 农用微生物菌剂生产技术规程：NY/T 883—2004 [S]. 北京：中国农业出版社，2005.
[14] 农业部种植业管理司. 秸秆腐熟菌剂腐解效果评价技术规程：NY/T 2722—2015 [S]. 北京：中国农业出版社，2015.
[15] 中华人民共和国农业部种植业管理司. 根瘤菌生产菌株质量评价技术规范：NY/T 1735—2009 [S]. 北京：中国标准出版社，2009.
[16] 中华人民共和国农业部. 微生物肥料田间试验技术规程及肥效评价指南：NY/T 1536—2007 [S]. 北京：中国农业出版社，2007.
[17] 农业部种植业管理司. 微生物肥料生物安全通用技术准则：NY/T 1109—2017 [S]. 北京：中国农业出版社，2017.
[18] 中华人民共和国农业部. 肥料合理使用准则 微生物肥料：NY/T 1535—2007 [S]. 北京：中国农业出版社，2007.
[19] 中华人民共和国农业部. 农用微生物产品标识要求：NY 885—2004 [S]. 北京：中国农业出版社，2005.
[20] 中华人民共和国农业部. 微生物肥料术语：NY/T 1113—2006 [S]. 北京：中国农业出版社，2006.

附录三　肥料可持续使用和管理国际行为规范*

联合国粮食及农业组织

（罗马，2019 年）

前言

土壤是人类绝大多数食物的重要源头：如果人类想要确保全球粮食安全和营养供给，土壤的培育和保护势在必行。鉴于土壤与农作物和树木的直接联系，可持续的土壤管理是农业和林业部门的优先事项。土壤还提供着其他重要的生态系统服务，如水的净化、养分循环、气候调节以及防洪等。因此，可持续的土壤管理对于水产养殖部门、渔业部门的食物生产以及环境与卫生部门都极其重要。在管理土壤从而使其提供食物和其他生态系统服务的过程中，一项特别的挑战来自对营养素的管理。

这随之带来了两项看上去相互矛盾的风险：一方面是由于过度或不当使用化肥造成的温室气体的排放以及土壤和水道的污染；另一方面则是化肥利用不足而造成的粮食歉收。在人口快速增长、气候加速变化、自然灾害频率不断增加以及自然资源加剧退化的背景下，这些风险正变得越发严重。

作为实现《2030 年可持续发展议程》《2020 年后议程》以及土地退化零增长愿景（旨在保持或者提升可支持生态系统功能和服务的土地资源的数量和质量）的举措的一部分，粮农组织建立了全球土壤伙伴关系。全球土壤伙伴关系的建立促进了可持续土壤管理作为一种手段在实现粮食安全和营养的同时达成保护环境的目标。

全球土壤伙伴关系已经制定了《可持续土壤管理自愿准则》（以下简称

---

* 该译文来自联合国粮食及农业组织网站（http：//www.fao.org/global-soil-partnership/resources/publications/zh/），本书仅对个别词语进行修改，原英文版本为权威版本（http：//www.fao.org/3/ca5253en/ca5253en.pdf）。

为《准则》)。该《准则》旨在指导所有相关层面下的有关土壤的战略决策和具体情况下的决策，以解决主要的全球性威胁，譬如养分和养分循环的不平衡以及土壤污染。

《肥料可持续使用和管理国际行为规范》是确保《可持续土壤管理自愿准则》实施的重要工具，其特别关注了养分不平衡以及土壤污染。《肥料规范》促进了人们在养分循环、农艺和土地管理在内为改善土壤健康而进行的实践，同时针对化肥产品的销售、分销和标签的规定给出了相应建议。《肥料规范》还促进了所有参与化肥价值链的利益相关方的能力发展和教育计划，同时鼓励发达国家协助其他国家发展基础设施和全周期管理化肥的能力。

由于各国政府、企业、农民、贸易商和民间社会在确保化肥的可持续、有效利用以及最小化环境负面效应中扮演着重要角色，承担着重要责任，同时也是具体的行动实施者，《肥料规范》希望以上各方能够利用其提供的框架以及与各自领域相关的指导方针。

如果能够作为多个利益相关方认可的工具得到广泛实施，那么《肥料规范》便可帮助人们更加顺利实现可持续发展目标、土地退化零增长愿景以及保护土壤生物多样性目标。在生产足够的有营养的食品以满足所有人的未来需求的同时，保持健康、肥沃和高生产力的土壤。

José Graziano da Silva（粮农组织前任总干事）

执行摘要

《肥料可持续使用和管理国际行为规范》为响应农委关于提高食品安全和肥料使用安全的要求而制定。它也是对联合国环境大会（第三届联合国环境大会）有关土壤污染宣言的回应，同时确保加强对《可持续土壤管理自愿准则》实施工作的支持。《肥料规范》旨在解决具有全球重要性的问题，从而为若干可持续发展目标的实施做出贡献。

该规范主要提供了可因地制宜作出调整的框架和一套自愿做法，服务于直接或间接与肥料相关的不同利益相关方。希望这些利益相关方可通过遵守和推动落实自愿准则及所提供建议，从养分管理角度为可持续农业和粮食安全做贡献。此处提出的《肥料规范》版本是根据农委主席团建议，通过广泛深入磋商取得的结果。

磋商过程自 2017 年 12 月开始，至 2019 年 2 月结束。应“全球土壤伙伴关系”第六届全体会议、农业委员会（农委）第二十六届会议及粮农组织理事会第一六〇届会议要求，当前文本吸收了磋商过程得到的反馈意见和建议。《肥料规范》最终提请2019年6月第四十一届粮农组织大会审议批准通过。

背景

肥料，包括矿物肥料、合成肥料和有机肥料，是农业中广泛使用的重要投入品，有助于促进全球粮食安全，改善农民生计，改善人类营养。此外，在审慎使用的情况下，肥料可以提高农业生产率，从而促进防止毁林和其他土地利用变化，进而减少更多耕地需求。还可以防止土壤退化和作物歉收，尤其是有关养分挖掘和关键植物养分缺失或不足。然而，肥料也会对环境、人类、动物和土壤健康产生不利影响。

在地区层面，肥料必须遵守不同国家或国内不同地区有关生产、贸易、配送、营销、安全和使用的各种法律法规。农场肥料的负责任使用和管理要求认真考虑多种参数，包括后茬作物、土壤类型与条件、既往农艺活动、用水、气候、农场效益、养分含量、肥料特性和肥料获取情况。此外，由于养分可能流入环境并相应产生不利影响，因此必须结合地方、区域和全球情况考虑使用肥料。为此，有必要统筹兼顾地利用养分及其在土壤、植物、动物、人类、水和环境中的循环。

本文件作为《肥料可持续使用和管理国际行为规范》，旨在配合和实施《可持续土壤管理自愿准则》，协助各国解决与农场、生态系统和国家层面农业中肥料负责任使用和管理有关的多种复杂问题。《肥料规范》还力求解决如何促进实现可持续发展目标的全球性问题，其中包括保障粮食生产系统可持续发展，消除饥饿和营养不良，促进粮食安全和营养，减少污染，提高食品安全。《肥料规范》涉及妥善使用和管理肥料，以防止不当使用、使用不足和过量使用。

序言与引言

肥料为供养世界人口作出了重大贡献，能够保障粮食安全，改善农民生计，提供人类基本营养，提供生产木材、纤维和生物燃料等可再生材料所需养分，帮助减少原生生态系统用地或其他有益生态系统服务用地转为农用地。肥料可以显著提高作物的养分供给，从而改进土壤的生态系统服务，而全球95%的粮食产量由土壤直接或间接提供。在恰当使用的情况下，养分也能提高生物质产量，并增加土壤有机质，促进土壤健康。然而，肥料使用不当产生的影响包括加剧全球气候变化、水土资源退化、空气质量下降、土壤养分流失，并有可能危害人类、动物和土壤健康。一些研究强调，农用氮磷生产造成的氮磷生物地球化学流动扰动，超出了人类活动的安全界限。总之，本文件力求肥料效益最大化，不利影响最小化。所有讨论都包括需要通过最大限度减少各种形式的土壤侵蚀保护土壤本身，以便与可持续土壤管理做法保持一致，包括可持续更新土壤养分。《肥料规范》内容涉及养分不平衡问题，正如《世界土壤资源状况》报告中确认的那样，既防止肥料使用不足，也防止肥料过量使用。

联合国各机构及其成员国正在努力实现《2030年可持续发展议程》及其17项可持续发展目标与土地退化零增长的愿景，为此就可持续土壤和养分管理采取各种行动、提出各种建议。

2016年9月26至30日召开的农业委员会（农委）第二十五届会议要求联合国粮食及农业组织（粮农组织）“加强地方层面的食品安全工作并就化肥和农药的安全使用加强对小农的技术支持”（粮农组织，2016年）。

粮农组织和政府间土壤技术小组最近发布的《世界土壤资源状况》（SWSR16）报告确认了为实现可持续发展目标必须应对的十大土壤威胁（粮农组织和政府间土壤技术小组，2015）。土壤直接或间接地促进若干可持续发展目标（目标2、目标3、目标6、目标13和目标15），涉及饥饿、人类营养健康、清洁用水、气候变化和陆地生物。全球土壤伙伴关系和粮农组织随后制定了《可持续土壤管理自愿准则》，跨出应对十大威胁的第一步，其中两项威胁分别是“养分失衡”和“土壤污染”，涉及施肥过量、不足或污染（没有一种做法具有可持续性）（粮农组织，2017）。《可持续土壤管理自愿准则》的相关章节（第3.3节“促进养分均衡和循环”和第3.5节“防止和尽量减少土壤污染”）从土壤、农业和环境的角度就推行可持续利用养分作了初步指导，但仍需更多支持和指导才能落实这些建议。

此外，2017年12月在内罗毕召开的第三届联合国环境大会通过了一份关于防治土壤污染从而实现可持续发展的宣言（环境署，2017）。这项决议对农业生产不当使用肥料造成的土壤污染明确表示关切。

2017年10月30日至11月3日举行的政府间土壤技术小组第七次工作会议期间，粮农组织和政府间土壤技术小组商议制定《肥料可持续使用和管理国际行为规范》（下称《肥料规范》），以此：

i. 响应农委关于提高食品安全和肥料使用安全的要求；

ii. 为实施《可持续土壤管理自愿准则》提供便利，解决养分失衡和土壤污染问题；

iii. 响应第三届联合国环境大会关于土壤污染的宣言。

2017 年 12 月 21 日至 2018 年 2 月 11 日面向公众的网上磋商期间，广大利益相关方对《肥料规范》的内容和目的提出了建议和反馈。在政府间土壤技术小组和粮农组织各位专家的支持和指导下，得到的反馈意见用于制定《肥料规范》“初稿”。从 2018 年 5 月 7 日到 9 日，肥料管理和政策领域专家组成的开放性工作组对初稿进行了审查。工作组成员为成员国选出代表各区域的人员以及肥料工业、学术界、科研界和民间社会的代表。成员及其单位名单见附件 1。

《肥料规范》已提交 2018 年 6 月 11—13 日举行的全球土壤伙伴关系第六届全体会议。根据全球土壤伙伴关系全体会议的建议，本文件从 2018 年 6 月 15 日到 7 月 15 日进行又一轮网上磋商，接受最终审查并征求意见。

经过磋商，《肥料规范》提交农业委员会第二十六届会议（2018 年 10 月 1—5 日）。农委就完善《规范》提出了若干意见、问题和建议，特别是要更好顾及区域特点。农委责成主席团启动又一轮包容性磋商进程，编写修订版提交粮农组织理事会下届会议。

在第五轮磋商进程中，成员国提出了一些改进《肥料规范》的意见建议，这些意见建议纳入了新版《规范》，而后提交粮农组织大会第四十一届会议审议。

《肥料可持续使用和管理国际行为规范》提供了一个因地制宜的框架和一套自愿做法，政府、肥料工业、农业推广和咨询服务机构、学术和科研辅助机构、养分循环工业从业者、民间社会和终端用户通过遵循提出的准则和建议，可以从养分管理的角度出发，推动农业可持续发展，促进粮食安全。

第 1 条　范围、目标和目的

1.1 《肥料使用和管理国际行为规范》（又称《肥料规范》）是各利益相关方在植物养分使用和管理中采取的一套自愿做法和商定的预期行为。

1.2 《肥料规范》是对《可持续土壤管理自愿准则》的补充，应当结合这套制度框架进行解读。适当的施肥必须考虑到全球耕作制度（轮作和间作、土壤、劳力、市场等）与气候和水文条件。

1.3 《肥料规范》涉及的利益相关方包括政府、政策制定者、肥料工业、废物及循环再造业、国家农业研究系统、高校、农业和分析服务实验室、农业推广和咨询服务机构、民间社会和肥料用户（特别是农民）。

1.4 “肥料”一词是指一种化学或天然物质或材料，用于提供植物养分，通常施于土壤，但也施于叶面，或施于稻作系统、灌溉施肥、水培或水产养殖作业用水。因此，《肥料规范》考虑到了多种养分类型和来源，包括：化学和矿物肥料；有机肥料，例如牲畜粪肥和堆肥；循环养分来源，例如废水、污水污泥、沼渣和其他加工废物。

1.5 《肥料规范》旨在协助利益相关方就肥料的生产、配送（包括销售）、质量、管理和使用建立监测系统，促进实现农业可持续发展和可持续发展目标，为此提倡综合、高效、有效使用优质肥料，力求取得下列成果：

1.5.1 促进保障全球粮食生产和粮食安全，同时保持土壤肥力、维持生态系统服务和保护环境；

1.5.2 尽量有效、高效使用肥料，满足农业需求，同时尽量减少养分流入环境；

1.5.3 强调对肥料的需求，尤其是在供给不足的地区（或植物养分使用不足地区）；

1.5.4 维持生态系统服务，尽量减少使用肥料产生的环境影响，包括水土污染、氨挥发、温室气体排放和其他养分流失机制；

1.5.5 尽量发挥可持续使用肥料形成的潜在经济和环境效益，包括减少征用更多土地进行生产的需求，增加土壤碳储量，改善土壤健康；

1.5.6 避免地下水和地表水养分过剩，以致对人类和动物健康造成不利影响；

1.5.7 避免在肥料中加入会对土壤、土壤生物多样性以及动物和人类健康产生不利影响并有可能致毒的污染物；

1.5.8 善用植物养分，保持并改善食品安全、膳食、营养质量和人体健康；

1.5.9 激励和改善养分循环。

1.6 《肥料规范》目的如下：

1.6.1 提供一套自愿实践标准，面向肥料使用和管理方面的所有利益相关方，包括政府、肥料工业、废物及循环再造业、农民及其他终端用户、农业推广和咨询服务机构、私营部门、学术界、科研界以及其他公共实体；

1.6.2 鼓励肥料价值链和废物及循环再造业的所有利益相关方互相合作与协作，促进肥料与重复利用和循环养分的负责任和可持续开发、生产、使用和管理；

1.6.3 在［履行法定竞争义务］获取和使用肥料方面，促进所有利益相关方之间的透明、协作、合作和信息交流；

1.6.4 促进农用地和其他用地的养分安全循环，减少生物圈、大气圈和水圈养分过剩对环境以及人类、动物和土壤健康产生的影响；

1.6.5 激励政府、科研界、私营部门和民间社会推动和资助可持续农作方法、技术和管理方面的创新，从而提高土壤肥力，改进养分管理；

1.6.6 通过采取适当的监管机制和减少终端用户的经济损失，协助各国和各区域控制和提高肥料质量；

1.6.7 加强肥料安全，减少人类和动物健康风险；

1.6.8 通过适当的机制、机构和外联计划，鼓励增进和传播有关肥料使用和管理所有事项的知识，包括可比统计数据；

1.6.9 鼓励土壤肥力综合管理，利用各种来源安全的养分。

1.7 本《肥料规范》是一份持续更新的文件，实施后应由粮农组织定期审查，同时每五到十年更新一次，或由成员国通过粮农组织有关领导机构酌情确定时间和地点。

第 2 条 术语和定义

农业推广和咨询服务机构：指公共或民间组织（非政府组织、农民组织、私营企业等），便利农民及其他农村从业者获取知识、信息和技术并与其他从业者互动交流，同时协助他们提高自身技术、组织和管理技能与实践，从而改善生计，提高福祉。

混农林业：在同一土地管理单元上，人为地把多年生木本植物（如树、灌木、棕榈或竹）与农作物或动物，在空间上或按一定的时序安排而进行管理的土地利用系统和技术的统称。

广告：通过印刷媒体、电子媒体、社交媒体、标牌、展示、礼品、演示或口碑推广肥料的负责任销售和使用。

氨挥发：施肥后氮以氨的形式流入大气。

动物粪肥：畜牧生产作业中产生的肥料，包括粪肥、尿液、泥浆、秸秆和其他垫料。

施用量：单位面积施肥量，也以时间为单位，例如生长季或年。

生物多样性：活生物体呈现出的多样性，这种多样性对于生态系统发挥作用和提供服务至关重要。

生物肥料：含有一种或多种活体或休眠微生物（例如细菌、真菌、放线菌和藻类）的产品统称，一经施用，有助于大气固氮或溶解/调用土壤养分。

生物刺激素：通过合成生长促进物质并/或通过不受养分含量影响的植

物营养过程刺激植物生长的产品，旨在实现下列一个或多个目标：提高植物养分利用率或吸收率；提高植物非生物胁迫耐性；改良作物优质性状。

民间社会：由世界各地以群体、协会和小组形式组织起来使其呼声得到倾听的公民和人员组成（粮农组织，2018b）。

民间社会组织：粮农组织将民间社会组织归为非国家行为体，分为三大类：成员制组织；非政府组织；在粮农组织职责相关领域开展工作的社会运动。民间社会组织性质各异，因此难以确切归类，重叠在所难免。

污染物：肥料所含不作为植物养分的物质，包括但不限于重金属、病原体和工业副产品。

堆肥：来自植物叶片和粪便等腐烂有机质混合物，用于通过补充碳改善土壤结构和提供养分。

沼渣：牲畜粪肥、污水污泥和城市废物等生物质或废品应用各种消化过程之后残留的材料。

处置：处置、循环、中和或分离肥料和副产品、容器和受污染材料的一切操作。

配送：通过贸易渠道向当地、国家或国际市场和土地供应和运输肥料的过程。

生态系统：由某一区域所有生物构成的生态系统以及这些生物发生互动的物理环境。

生态系统服务：大自然带给社会的众多效益。

富营养化：地表水中植物养分过度富集，主要为氮和磷。

灌溉施肥：灌水施以植物养分、土壤改良剂或食品加工和废水处理设施所得再生水。

肥料：用于提供植物养分的物质，通常施于土壤，但也施于叶面，或施于稻作系统、灌溉施肥、水培或水产养殖作业用水。详见第 1.4 条。

肥料添加剂：加入肥料的物质、改良肥料的材料或加入土壤的产品，旨在通过各种行动提高肥料利用率，包括但不限于降低肥料溶解度和养分释放、肥料颗粒包膜、抑制硝化或尿素水解、刺激土壤微生物。

施肥：除非另有说明，“施肥”是指施用养分，促进植物全面生长，并不特指某类肥料。施肥用于农业和其他用途，包括用于娱乐和体育设施、公共和私人花园和草地。

肥料品位或植物有效养分含量：肥料所含可供植物有效吸收的植物养分总量。

肥料工业：肥料生产和供应环节的整条价值链，包括基本的生产或采矿、成品加工、运输、贮存和最终交付肥料用户。

肥料管理：针对肥料各方面问题的监管和技术控制，包括肥料的生产(制造和配制)、审批、进出口、标注、配送、销售、供应、运输、贮存、处理、施用和处置，旨在保障安全、质量和使用功效，尽量不对健康和环境产生不利影响，尽量减少人体和动物接触肥料。

滥用肥料：包括但不限于：对土壤、叶面或水体施用一种或多种植物养分，按理不会对作物生长发育产生有利效应；溢肥；对土壤施用可能会对人类健康或环境构成风险的污染物。详见第 4. 5. 5 条。

肥料利用率：肥料施用于土壤后，作物从肥料中吸收的养分数量估计值或确定值与施用量之比值。

肥料用户：专为促进植物有效吸收植物养分的施肥人员，包括农民、土地管理者和食品生产者，养护公园、花园和体育设施的公共或民间组织，促进家庭园艺的施肥人员。

绿肥：为覆盖土壤并为改善土壤物理、化学和生物特性而种植的植物。

地下水：地表以下饱和带与土壤直接接触的所有水。

无机肥料：借助化学工艺、矿物提取或机械研磨进行工业化生产的富含养分的肥料。注意，尿素严格来说虽是一种有机材料，但《肥料规范》仍视之为无机肥料。

土壤肥力综合管理：采用土壤肥力管理做法，运用因地制宜的知识，充分提高肥料和有机资源的利用率和作物的生产率。

国际组织：包括联合国各政府间组织、联合国各专门机构和各计划署/规划署、各开发银行、各国际农业研究中心（包括农研磋商组织成员中心）和各国际非政府组织。

石灰质材料：添加到土壤中消除过量酸度的物质。

营销：整个产品推销过程，包括广告、产品公关与宣传服务、当地和国际市场配售。

国家农业研究系统：跨部门利益相关方，包括全国范围公立农业研究所、大学及其他高等院校、农民团体、民间社会组织、私营部门和参与提供农业研究服务的任何其他实体。

硝化抑制剂：抑制氨氮转为硝酸盐的生物氧化的物质。

非政府组织：正规成立、依法登记、不受商业利益影响的非营利组织，提供相关服务、信息和专门知识，敏锐把握民意，开展宣传活动。

有机肥料：从有机材料中提取的一种富碳肥料，包括经处理或未处理的牲畜粪肥、堆肥、蚯蚓粪、污水污泥和用于提供土壤养分的其他有机材料或混合材料。

植物养分：植物正常生长繁殖所需基本要素，一般不包括碳、氢和氧。植物养分分为主要养分，即氮、磷和钾，还包括其他养分，例如硫、钙、镁、硼、氯、铜、铁、锰、钼、锌等。

循环养分：施于生长期植物并被其吸收的植物养分，在人类或动物摄入后，作为食品加工的副产品或返回土壤的植物残体，可以重新进入植物养分循环。

风险：某种危害对健康或环境产生不利影响的概率和严重程度，接触肥料、接触受施肥影响土壤或出现滥用肥料（包括不当施肥）的可能性。

污水污泥：取自公共污水系统所排废水的固体材料，为减少体积、病原体、臭味和养分含量，可能必须或无须进行补充处理。

土壤污染：出现于当一种化学品或物质浓度超过自然水平时，但不一定造成伤害。

土壤肥力：作为植物生长生境，土壤提供基本的植物养分与有利的化学、物理和生物特性，从而维持植物生长的能力。

土壤健康：“土壤作为生命系统发挥功能的能力。健康的土壤可以维系各类土壤生物，这类生物有助于防控植物疫病、虫害和草害，与植物根系形成有益的共生关系，循环利用植物基本养分，改进土壤结构从而提高土壤保持水分和养分的能力，最终促进作物生产”。

土壤有害污染：指一种化学品或物质出现在不该出现的地方和/或浓度超过正常水平以至于对非靶标生物带来不利影响。

利益相关方：肥料生产、处理、管理、监管和使用环节的各方行为体，包括政府、政策制定者、肥料工业、废物及循环再造业、国家农业研究系统、农业推广和咨询服务机构、非政府组织、农业和分析服务实验室、农民组织及其他民间社会组织、农民和其他终端用户。

鸟粪石：同样含有氮和镁的替代磷矿粉用于农业生产的磷肥，可从废水或尿液等循环材料或废渣中提取鸟粪石。

可持续土壤管理：“土壤提供支持、供应、调节和栽培服务，只有这些服务得到维持或增强，对使之有可能提供这些服务的土壤功能或生物多样性不造成重大损害，土壤管理才能持续。土壤为植物生产提供支持和供应服务，土壤又为水质和可供量以及温室气体大气成分提供调节服务，这两者间的平衡尤其令人关切”。

脲酶抑制剂：抑制脲酶对尿素水解作用的物质。

废水：就用途而言不再具有直接价值的水，或在使用过程中因质量、数量或出现时间不当而产生的水。

4R（减量、再用、循环、回收）养分管理法：因地制宜、适时、适量采用适当的肥料来源从而实现耕作制度各项目标的框架，目标包括提高产量，提高农民盈利能力，加强环境保护，促进可持续发展。

第3条　土壤肥力与植物营养

3.1　在确定肥料管理时，应重点考虑土壤储存和供应植物养分的能力、促进植物生长和满足作物养分需求的能力以及供水量。

3.2　考虑的土壤因素包括土壤的来源、成分和分类以及影响土壤化学、物理和生物特性从而提高土壤肥力的管理先例。

3.3　考虑的植物营养因素包括作物以前和今后对各类养分的需求，以及后茬作物和品种的特殊养分要求（包括植物生长阶段提出这类要求的时间）与理想营养成分。此外，后茬品种应适应当地环境、土壤肥力、供水和卫生条件。

3.4　植物养分的来源颇多，应当认为相互之间互补而非互斥。从多种来源提供一种或多种植物养分的做法裨益颇多，包括但不限于延长养分有效性从而促进植物生长，补充土壤有机质，配施有机无机肥料以免养分不足或过剩。

3.5　政府应以最新的科学分析、证据和研究为依据，借鉴全球合作模式、国际标准和最佳做法，与肥料工业和其他利益相关方合作：

3.5.1　鼓励相关土地利用和土地权属政策，为农民提高土壤肥力和改善土壤健康提供激励，从而在某些情况下，间接防止原生或受保护的生态系统用地或其他有益生态系统服务用地转为农用地；

3.5.2　鼓励通过相关政策和激励措施促进土壤保持，鉴于土壤侵蚀或盐化、酸化、碱化和污染等其他类型土壤退化导致表层肥土流失，力求抵消土壤肥力下降产生的影响；

3.5.3　确保掌握并利用评估植物养分状况和土壤基本化学性质（如 pH 值、盐度和其他土壤参数）的分析手段，从而基于对特定地点植物养分状况和/或土壤特性的评估情况，就肥料提出建议。为满足这类需求，可以择一利用公共或私营实验室服务，或者两者兼用。分析手段包括传统的实验室（如湿化学）程序、现场或实验室的其他现代方法（如光谱学）或校准正确的现场试剂盒；

3.5.4　提倡农民和农作顾问在施肥前进行土壤和植物组织测试，同时采用其他手段评估土壤肥力状况，以便测定肥料需求。推广方法包括公共宣传、教育材料和演示；

3.5.5　开发并鼓励使用地理空间方法或原生境土壤测试，促进肥料的高效和有效使用；

3.5.6　如有必要，为推广/外联活动提供政府支持，根据相关土壤特性、现有养分库、后茬作物和品种、前茬作物的养分考虑因素、预期单产和质量、地方经验以及气候和水文条件等其他因地而异的情况，提出循证肥料建议；

3.5.7　如有必要，推动排灌基础设施建设，或提高获取作物主要生产投入品的机会和负担的能力，限制石灰材料或石膏等养分添加物对植物产生的效应。

3.6　通过国家农业研究系统与农业推广和咨询服务机构，协同国际研究中心、其他研究组织、高校和业界，政府应当：

3.6.1　借助土壤肥力综合管理鼓励综合农作方法和农林混作，利用所有相关来源的植物养分，包括动物粪肥、堆肥、作物残体和其他材料，尤其是可以就地取材的材料；

3.6.2　通过土壤肥力综合管理，进一步鼓励作物轮作、种植豆类、覆盖作物和施用其他绿肥，以此改善土壤健康，提高土壤肥力；

3.6.3　鼓励考虑植物营养因素，例如作物以前和今后对各类养分的需求、后茬作物和品种的特殊养分要求以及土壤肥力管理中后茬作物和品种的理想营养成分。提倡栽培适应当地环境（包括气候和水文）和土壤肥力条件的品种；

3.6.4　提倡改善或管理有碍作物的植物养分添加物效应的土壤条件，例如酸度或碱度极高，盐或钠含量过高，或有机质不足从而限制养分循环；

3.6.5　确定所有来源（包括重复利用/循环利用材料）的土壤养分（如磷）循证限量或土壤养分（如氮）施用限量，一旦超出此限，鉴于作物极不可能作出良好反应，同时在环境方面地表水资源很有可能受到不利影响，因此禁止或限制补施养分；

3.6.5a　确立土壤中来自肥料的污染物循证最高限量（例如重金属），超过此限量时则鉴于对土壤污染的高风险对肥料的贸易和使用进行控制；

3.6.6　根据相关土壤特性、后茬作物、前茬作物、预期单产和质量以及气候和水文条件等其他因地而异的情况，提出和改进地方和区域层面的循证肥料建议，提倡均衡施用植物养分，符合作物的预期吸收情况和产地的养分输出情况；

3.6.7 开发和改进适应性土壤测试方法，纳入地方土壤健康指标，从而促进肥料的采用和高效使用；

3.6.8 开发和改进地理空间方法和精准施肥设备，以期提高肥料利用率；

3.6.9 与农业经济学家合作，确定最经济的施肥量，并将这方面信息纳入外联和推广计划。

3.7 肥料工业应当：

3.7.1 生产符合产品市场所在国现行法律规定的高质量肥料；

3.7.2 鼓励在考虑所有养分要求并基于因地而异的情况（包括相关土壤特性、后茬作物和品种、前茬作物和预期单产）提出施肥建议，如采用土壤测试方法，则鼓励根据特定土壤校准方法；

3.7.3 提倡遵循土壤肥力综合管理和4R养分管理法等全球植物养分管理原则，适时适量施肥，同时采用最合适的肥料来源和位置；

3.7.4 对零售和技术人员进行适当培训，推广适当的土壤和植物组织测试方法与肥料管理最佳做法，从而尽量高效利用植物养分，同时避免异地环境影响；

3.7.5 开发并鼓励使用地理空间方法或原生境土壤测试，促进肥料的高效和有效使用，确定合适的肥料配方；

3.7.6 认真开发和评价肥料添加剂（如硝化抑制剂、脲酶抑制剂、生物刺激素），仅在证明保障土壤生物群、环境、动物健康和人类健康的安全并有效提高肥料利用率和/或减少异地环境影响的情况下进行营销；

3.7.7 继续寻求肥料和技术创新，在提供适当植物营养的同时，保障土壤健康、环境健康、动物健康以及人类健康和安全；

3.7.8 通过对产品进行恰当的标签标注，如实说明肥料用途和影响，并根据终端用户的需求（包括使用当地/相关语言）编制宣传材料，介绍如何适当利用肥料；

3.7.9 提倡改善或管理有碍作物的植物养分添加物效应的土壤条件，例如酸度或碱度极高，盐、碳酸盐或钠含量过高，或有机质不足从而限制养分循环；

3.7.10 尽可能与政府、国家农业研究系统、高校、农业推广和咨询服务机构、国际研究中心和其他研究组织合作，实现施肥效益最大化，不利影响最小化。

3.8　肥料用户应当：

3.8.1　购买和使用符合产品市场所在国现行法律规定的高质量肥料；

3.8.2　首先改善并/或管理有碍作物的植物养分添加物效应或限制养分循环的土壤条件，例如酸度或碱度极高，盐或钠含量过高，或有机质不足；

3.8.3　如有条件，利用土壤测试，确定和量化可能有碍作物的植物养分添加物效应的土壤条件，同时确定肥料建议；

3.8.4　利用地方农业推广和咨询服务机构与外联提供方根据因地而异的情况（包括相关土壤特性、后茬作物和品种、前茬作物、预期单产以及气候和水文条件）提出的肥料建议；

3.8.5　提倡遵循土壤肥力综合管理和4R养分管理法等全球植物养分管理原则，适时适量施肥，同时采用最合适的肥料来源和位置；

3.8.6　酌情实行土壤肥力综合管理，为此采取综合农作方法和农林混作，利用所有相关来源的植物养分，包括动物粪肥、堆肥、作物残体和其他材料，尤其是可以就地取材的材料；

3.8.7　进一步并尽可能采用作物轮作、种植豆类、覆盖作物和施用其他绿肥，以此改善土壤健康，提高土壤肥力。

第4条　肥料的使用和管理

4.1　肥料的适当管理和使用是指肥料的负责任处理、贮存、运输和施用，目标明确，旨在促进植物生长或强化植物特性（营养成分、色泽、风味等），同时保持或改善土壤健康，尽量减少任何潜在的环境影响。

4.2　未被植物吸收或未被土壤储存的肥料养分可能会因淋洗作用而被送入地下水，会对人类健康产生影响，也会因土壤侵蚀或滥用肥料（尤其是氮和磷）而流入水道，导致富营养化和水质下降。过量养分也可能通过氨挥发或以排放一氧化二氮这一温室气体的形式从土壤释放进入大气。此外，滥用肥料造成的施肥过量和养分流失可能减少农民收益，有时还会造成作物歉收。

4.3　施肥不足是指添加的养分含量低于作物要求，从而产生机会成本，影响潜在单产、营养成分、碳归还土壤、土壤健康改善，造成土壤系统养分净流失。

4.4　必须统筹兼顾地制定和实施肥料使用方面的最佳管理做法，同时认识到设法减少一条养分流失路径的不利影响的同时，可能加剧其他养分流失路径的不利影响。有鉴于此，应采取整体效果最优的最佳管理做法。

4.5 滥用肥料涉及但不限于：

4.5.1 过度或过量施肥，即向土壤、叶面或水体施用一种或多种植物养分，按理不会对施肥土壤生长的植物或作物的生长或成分产生有利效应，或无法保持土壤健康；

4.5.2 肥料使用不足或没有使用，亦即缺乏植物养分加入补充土壤中的养分，以利于后茬作物生长。对于养分挖掘成为对粮食生产带来不利影响的常见进程的土壤，该状况尤其敏感；

4.5.3 错误或不当施肥，例如土壤表面施肥时机不当，不适合土壤类型、土壤特性或地貌（例如斜坡存在侵蚀风险）、作物要求或主要天气和气候条件，或方法不当，导致养分流入环境，包括土壤、水和空气污染；

4.5.4 养分失衡，原因在于肥料的营养成分不全或不均，无法满足施肥目标作物对最佳生长和最优品质的要求；

4.5.5 污染物通过肥料施于或累加施于土壤，可能会对人类、动物和土壤健康或环境构成无法接受的风险；

4.5.6 肥料贮存或处理不当，导致化学或物理特性降解、给使用者造成不安全或不健康状况、转作非农用途、被盗或危害环境；

4.5.7 肥料溢漏。

4.6 《肥料规范》涉及的实体应考虑目前掌握的有关滥用肥料所致不利影响的所有情况，并应提倡负责任传播易于理解的材料，介绍肥料及其用途、如何尽量产生有利影响、风险和可以适时采用的替代品。

4.7 政府应以最新的科学分析、证据和研究为依据，借鉴全球合作模式、国际标准和最佳做法，与肥料工业和其他利益相关方合作：

4.7.1 制定相关政策，为可持续土壤管理与肥料负责任生产和使用提供支持，从而保护土壤，改善退化土地，优化现有农用地农业生产，尽量减少原生或受保护的生态系统用地或其他有益生态系统服务用地转为农用地；

4.7.2 通过立法和激励措施，支持和推动制定统筹兼顾的肥料解决方案，促进作物营养均衡，同时确保终端用户掌握这类解决方案；

4.7.3 按需制定相关政策，方便农民以负担得起的价格获得安全和登记备案的肥料，同时要与相关肥料使用政策、准则及农村农业推广和咨询服务计划联动起来；

4.7.4 确保以（直接或间接）补贴或捐赠形式提供的一切肥料按照本《肥料规范》进行负责任生产和使用。这类肥料不应鼓励或导致过量或不合理使用，不应阻碍取代管理做法或使用效率更高和/或环境影响更小的其他肥料，应为施肥作物提供一组均衡的养分；

4.7.5 起草相关立法，尽量减少施肥对农用地或其他用地的不利影响，包括滥用肥料和肥料处理不当产生的影响，或生产过程由于污染物超过可接受限量等原因产生的影响；

4.7.6 制定循证的肥料养分施用限量，包括无机和有机肥料、污水污泥、动物粪便和有机残渣，避免环境与人类、动物和土壤健康受到破坏性影响。还应考虑养分赤字以避免由于养分挖掘导致土壤肥力下降的风险；

4.7.7 制定循证的肥料产出限量，包括有机肥料、污水污泥、动物粪便和有机残渣，避免环境与人类、动物和土壤健康受到破坏性影响；

4.7.8 与业界和粮农组织等相关国际机构协调，维护有关肥料积极和消极影响（包括社会、经济和环境影响）的数据库和统计数据（粮农组织，2018c）。应配备适当培训的人员和充足的资源，确保收集的数据和信息的可靠性和准确性，同时避免利益冲突，尊重隐私和数据保密；

4.7.9 尽可能修订规则和法规，使其符合与肥料负责任使用有关的国家/国际标准化系统（如 ISO/TC134、CEN/TC260）。

4.8 通过国家农业研究系统，与国际中心、其他相关研究机构、高校和业界合作或协作，政府应：

4.8.1 开展相关研究，针对本地区主要土壤和作物，确定负责任的肥料和其他农艺管理方式；

4.8.2 评价新售和在售肥料产品，验证产品有效性和安全性，设法提高养分利用率。应尽可能酌情与其他国家的利益相关方共享此类信息；

4.8.3 开发肥料管理工具，为肥料用户提供善用肥料所需信息（来源、用量、时间和用法），避免过度使用和滥用；

4.8.4 按照相关比例制作并传播土壤分布图，以便管理和监测施肥情况，同时确定特别易受滥用肥料影响的地区和/或环境易受影响的地区，协助解读土壤分布图，以免滥用肥料；

4.8.5 鼓励地方开展参与性的现场测试试验，整合有关土壤健康以及肥料使用和管理效应的珍贵地方知识，同时强调共同促进知识分享进程的相关性、可靠性和合法性。

4.9 通过国家性和区域性农村农业推广和咨询服务机构，在肥料工业支持下，政府应当：

4.9.1 为肥料用户和零售商提供结合地方或区域情况并获得认可的肥

料使用培训（使用当地/相关语言），力求尽量均衡、高效利用植物养分，从而促进农业可持续发展、食品安全和营养，并实现使用肥料形成的潜在环境效益最大化，包括通过提高单产、增加土壤碳储量和改善土壤健康，减少原生或受保护的生态系统用地或其他有益生态系统服务用地转为农用地；

4.9.2 为肥料用户和零售商提供结合地方或区域情况并获得认可的培训（使用当地/相关语言），力求尽量减少使用肥料产生的环境影响，包括径流、淋洗、排气、土壤生物过程受扰所致养分流失造成的污染，同时减少污染物对土壤、动物和人类健康的影响；

4.9.3 传播易于理解的材料（使用当地/相关语言），介绍如何减少肥料的处理和使用可能会给人类、动物和土壤健康带来的风险。

4.10 肥料工业应当：

4.10.1 制定相关策略，促进统筹兼顾地解决肥料问题，力求提高作物营养均衡性，同时考虑到作物要求和当地土壤条件，并为此改进肥料成分（在成分上保障土壤生物群、粮食和环境安全）和采用不同施肥方法；

4.10.2 为肥料零售商、销售人员、农民和终端用户编制、宣传和分发易于理解的材料（使用当地/相关语言），介绍肥料管理的最佳做法，这些做法应以养分管理法的原则为基础，尽量高效利用植物养分，同时尽量减少异地环境影响；

4.10.3 创造相关知识并为肥料用户提供易于理解的材料（使用当地/相关语言），介绍如何在处理和使用肥料中保障健康和安全，以及如何保护人类和动物免受可能的不利影响，包括少量长期接触肥料产生的影响；

4.10.4 为用户和环境部门介绍应对溢肥的适当救措施；

4.10.5 尽可能与政府、国家农业研究系统、高校、农业推广和咨询服务机构、国际研究中心和其他研究组织协作，实现施肥效益最大化，不利影响最小化。

4.11 肥料零售商、销售人员、农民组织、分析实验室、顾问和/或终端用户应当：

4.11.1 熟悉并遵守地方适用的法规和限量，遵循相关肥料使用准则；

4.11.2 正确说明情况并/或遵循肥料使用的最佳管理做法，包括适当处理、贮存、运输和处置，并落实结合地方情况的肥料建议；

4.11.3 保存肥料销售和/或施肥记录（来源、用量、时间和位置），同时记录其他农艺实践、数据和农场记录，为政府统计肥料使用情况提供支持。

第5条 养分的重复利用和循环

5.1 重复利用或循环材料提供的潜在养分来源包括废水、污水污泥、生物固体、动物粪肥、城市废物、堆肥、蚯蚓粪、沼渣、生物炭、无机或有机副产品，例如鸟粪石、硫酸铵以及餐饮、涉农产业和其他产业残渣。

5.2 应鼓励重复利用和循环养分，但应考虑与循环养分的管理和利用有关的质量、安全、环境和生物安全风险。

5.3 政府应以最新的科学分析、证据和研究为依据，借鉴全球合作模式、国际标准和最佳做法，与肥料工业和其他利益相关方合作：

5.3.1 鼓励重复利用和循环养分，为此展开宣传、进行对话、制定政策、建立财务机制和提供资源，促进农业、水、能源和卫生等相关部门在用作肥料的养分重复利用和循环技术方面的跨领域创新与知识共创共享；

5.3.2 制定相关政策，鼓励安全地对可以就地取材的植物养分来源进行重复利用、循环和使用，为此利用动物粪肥、堆肥、作物残体和其他材料，这类材料应适合作为一种植物养分来源施于土壤，并能增加有机质从而提高土壤质量，或能提高其他土壤效益，例如产生石灰效应；

5.3.3 对重复利用和循环养分来源的利用制定相关准则和法规，并对其中会对人类、动物和土壤健康及环境构成无法接受的风险的污染物设定限量；

5.3.4 鼓励污水污泥和其他来源循环养分净化领域的研发。

5.4 通过国家农业研究系统与农村农业推广和咨询服务机构，在国际研究中心和其他研究组织、高校和业界的协作支持下，政府应当：

5.4.1 带头和促进在政府、业界、学术界、研究组织的行为体与土地管理者和农民等终端用户之间就养分重复利用和循环用于农业和其他植物生产用途共享信息和共创知识；

5.4.2 测试重复利用和循环养分的来源和制成的产品，确保在营养和农艺其他方面给植物和土壤带来裨益，同时不损害土壤健康、动物健康、人类健康和安全或环境；

5.4.3 鼓励和提倡循环养分与采用重复利用和循环材料，作为一种植物养分来源施于土壤，改善土壤健康，提高土壤肥力；

5.4.4 开发用作肥料的养分重复利用和循环技术；

5.4.5 确保公众（包括农民和其他终端用户）掌握和易得用作肥料的重复利用和循环养分来源的现有相关信息，例如营养成分和污染物含量。

5.5 肥料工业和/或相关私营实体应当：

5.5.1　鼓励和推动创新，并提供资源，开发安全用作肥料的养分重复利用和循环技术；

5.5.2　与政府、国家农业研究系统、高校、研究组织和农民合作，开发和测试创新、安全的方法和技术，促进用作肥料的废物和其他材料的重复利用和循环；

5.5.3　在用作肥料的养分重复利用和循环领域，积极参与政府、业界、学术界、研究组织和客户/终端用户（土地管理者和农民）内外部对话、知识共创和知识交流活动。

5.6　肥料零售商、销售人员、农民组织和用户应当：

5.6.1　在使用用作植物养分的重复利用和循环材料方面，熟悉并遵守结合地方情况的法规和准则，包括养分施用量和污染物载量的上限；

5.6.2　根据循环养分酌情调整无机肥料施用量；

5.6.3　合理确定用量、时间和位置，尽量确保生长期作物获得循环植物养分，尽量减少潜在负面影响，例如养分淋洗、臭味、径流或任何其他异地不良影响。

第6条　成分、限量和测试

6.1　政府和肥料工业都有责任测试肥料和循环养分来源并确保符合质量和安全标准，其中政府负责监督、制定和调整标准，肥料工业负责确保生产、营销和出售的肥料合规、有效、安全。

6.2　有关政府间机构应与政府和肥料工业合作，协助制定统一的区域肥料抽验程序，同时最好在全球进行统一。

6.3　政府应以最新的科学分析、证据和研究为依据，借鉴全球合作模式、国际标准和最佳做法，与肥料工业和其他利益相关方合作：

6.3.1　负责从下列方面监管肥料成分和质量：

6.3.1.1　养分含量；

6.3.1.2　与生产过程和原料来源有关的重金属；

6.3.1.3　有害微生物；

6.3.1.4　其他危险或有毒材料；

6.3.1.5　添加剂，例如砂、地表岩和其他用于稀释原产品的材料。

6.3.2　制定和调整有关肥料产品有害成分的循证安全标准、限量和准则，同时考虑到各种污染途径及对人类、动物和土壤的影响。

6.4　制定相关方法，分析农业生产条件下作物的肥料养分含量和生物利用度，并确保测试设施到位，能够用于质量控制。

6.5　通过国家农业研究系统与农村农业推广和咨询服务机构，在国际研究中心、其他研究组织、高校和肥料工业的支持下，政府应当：

6.5.1　创造相关知识并为肥料生产者提供材料，介绍与肥料成分有关的健康和安全问题，从而保护土壤、人类和动物免受使用肥料可能产生的不利影响，包括避免食品链受到影响；

6.5.2　监督和支持肥料的现场测试，检验其在提供养分满足土壤无法满足的植物养分要求和/或提高土壤肥力方面的功效；

6.5.3　对准备用于植物生产的循环养分来源和产品进行相关测试，确保符合有关营养成分和质量的准则与有关污染物（例如重金属、有害微生物和其他危险或有毒材料）安全限量的准则；

6.5.4　开展利益相关方和肥料用户教育，使其了解如何利用有关在售肥料安全、功效、成分、质量和纯度的信息以及如何采取手段始终遵循相关法规和准则。

6.6　肥料工业或相关私营实体应当：

6.6.1　为各国政府提供所有要求提供的信息，以便其就肥料产品的成分和测试制定标准、法规和准则；

6.6.2　依法酌情制定和实行公司内部质量管理制度，配合行业自治；

6.6.3　测试含有重复利用和循环养分并作为肥料营销的产品来源，确保产品符合相关质量和安全标准；

6.6.4　确保肥料产品符合政府标准，保证终端用户获得通过公认标准验收并符合相关法规的安全、优质产品；

6.6.5　确保作为肥料营销和出售的产品基于科学证据，有效提供养分促进植物生产；

6.6.6　营销的肥料添加剂必须具有科学证据，证明无害人类健康和安全、强化作物效应、提高养分利用率、改善土壤健康或提升环境质量；

6.6.7　核实公开出售的肥料质量和纯度。

6.7　肥料用户应当：

6.7.1　购买或施用可以证明已对成分、质量和纯度进行适当测试的肥料；

6.7.2　遵守相关准则和法规，遵循养分施用和累加施用限量与污染物最高容许浓度；

6.7.3　如怀疑肥料产品出现问题，通报有关部门。

第 7 条　获取、配送和标注

7.1　政府应当：

7.1.1　全面负责便利国内肥料的获取和供应，并监管配送和使用环节，同时应确保分配充足资源履行这项职责；

7.1.2　酌情实施肥料政策、质量控制和登记制度，其中规定必要情况下尽可能惩处违规行为。鼓励各国政府在全球层面统一政策，尤其统一有关质量保证方法的政策；

7.1.3　确保在肥料配送期间进行针对性质量控制，特别是在进出口和区域配送期间，确保供应链完整性，尤其是保证装车产品与交付产品相同，并与包装标签说明一致；

7.1.4　确保开展结合地方或区域情况并获得认可的肥料零售培训，保证受训人员能就肥料使用和管理以及滥用肥料所致环境和健康风险为终端用户提出合理建议；

7.1.5　建设和维护运输基础设施，从而提高通达性，降低肥料贸易和配送的物流成本；

7.1.6　确保作为肥料出售的产品标称用途、标签声明和说明、包装、安全数据单、技术材料和广告基于科学证据、易于终端用户理解；

7.1.7　确保作为肥料出售的产品标注清晰、清楚、准确，并使用当地/相关语言，易于终端用户理解。鼓励各国政府在全球层面统一标注要求。标签至少应含下列信息：

7.1.7.1　产品净重；

7.1.7.2　肥料品位/植物有效养分含量信息；

7.1.7.3　国家法规规定标注的污染物含量信息；

7.1.7.4　潜在环境和健康影响；

7.1.7.5　肥料批次出厂日期和有效期（酌情标注）；

7.1.7.6　贮存、安全处理和必要安全防范措施相关信息；

7.1.7.7　推荐施肥用量、时间和位置信息或参考出处。

7.2　肥料工业应当：

7.2.1　确保肥料价值链各环节肥料销售人员接受适当培训，能向供应链有关从业者提供相关信息，包括相关安全信息、降低风险建议和负责任、高效使用肥料产品信息；

7.2.2　确保肥料销售人员接受适当培训，能就所售肥料产品使用以及滥用肥料所致环境和健康风险提出合理建议；

7.2.3 确保技术材料充分介绍不同情况下符合养分管理法的适当做法，包括遵循适当的用量、来源、位置和时间；

7.2.4 以各种包装规格提供符合国家、分区域或区域要求并切合小规模农民、家庭和其他当地用户需求的肥料，从而降低成本并减少滥用或不当贮存带来的任何环境风险，防止销售商以无标或不当容器重新包装产品；

7.2.5 根据第7.1.7条，清晰、清楚、准确标注肥料，遵循有关标注良好做法的法规/准则，遵守销售国有关部门的法规/准则；

7.2.6 确保广告材料、陈述和推销活动：

7.2.6.1 在技术上合理，在道义上正当；

7.2.6.2 不鼓励肥料用于经过审批的标签所述用途以外用途；

7.2.6.3 不做有违一切现行适用法规的建议；

7.2.6.4 不保证或不暗示效果，除非证据确凿，可以证明此类陈述有据可依；

7.2.6.5 不以任何不当奖励或奖品鼓励购买肥料。

7.3 肥料用户应当：

7.3.1 尽可能通过官方认可的经销商购买适当清晰标注的肥料；

7.3.2 按照标签和其他技术材料的说明，并根据产品供方获得相关认证并具备相关资格的人员提出的建议，遵循安全处理和使用肥料的相关准则和说明；

7.3.3 酌情循环利用和/或处置肥料容器；

7.3.4 产品质量若与标签所述内容不符，或者产品出现问题，联系有关部门。

第8条 宣传、推广和外联

8.1 政府应当：

8.1.1 鼓励并支持所有利益相关方互相协作和协调，按照国内需求开展教育计划、技术开发和技术转让，充分服务于各地区，即保证各地服务到位；

8.1.2 对农民推广/外联活动给予支持，为负责任使用肥料和其他来源植物养分提供建议和协助；

8.1.3 开展政府资助的研究、推广和外联计划，满足国家农业研究系统、非政府组织、农民合作社和组织以及高校涵盖不到的需求；

8.1.4 促进采用、共同开发或引进相关技术，力求提高土壤肥力，提升农场生产率和质量，提高肥料利用率，尽量减少肥料异地影响，包括径流、淋洗和排气产生的环境影响；

8.1.5　颁布和控制相关安全法规，规范肥料的生产、配送、贮存、处理、运输和施用；

8.1.6　利用具有科学依据的法规和准则来规范新技术（能够提高土壤肥力、提升农场生产率和产品质量、提高肥料利用率及/或尽量减少肥料异地影响）；

8.1.7　与所有利益相关方协作，为采用相关机械和技术提供便利，从而促进提高土壤肥力、提升肥料利用率及/或尽量减少肥料异地影响；

8.1.8　对于制定完善的肥料监管计划的政府，应尽可能提供培训等形式的技术援助，帮助其他国家进行基础设施和能力建设，在肥料的整个生命周期对其进行管理；

8.1.9　确保进行土壤和植物或作物测试分析的所有分析实验室都有适当的质量控制措施，保证及时得出可靠的分析结果；

8.1.10　推动设立适当的控制和执行机构，就各自管辖区域内现行的肥料规则和法律对肥料产业和肥料用户加以管控。

8.2　肥料工业应与政府和其他利益相关方合作：

8.2.1　按照国内需求开展教育计划和技术转让，保证各地服务到位；

8.2.2　共享相关资料和数据，为开展全面、客观的教育计划提供便利，从而推行肥料管理最佳做法，做到植物养分利用率最大化，异地环境影响最小化；

8.2.3　一旦肥料出现问题，自行采取整改行动，政府如有要求，还应帮助寻找解决困难的方案；

8.2.4　开发并便利采用相关机械和技术，促进提高土壤肥力、提升肥料利用率及/或尽量减少肥料异地影响。

8.3　农业推广和咨询服务机构与外联提供方（国家农业研究系统、非政府组织以及农民合作社和组织）应当：

8.3.1　着力持续开展专业建设，紧跟最新技术进步和创新工艺，从而鼓励共创共享知识，力求最大限度发挥教育和研究工作的影响力；

8.3.2　与政府和其他利益相关方协作开展教育计划，介绍如何遵守有关肥料贮存、处理、运输和施用的地方安全法规与有关儿童参与的国家法律，同时努力发现和解决法规尚未涵盖的安全问题；

8.3.3　与政府和肥料工业协作，按照国内需求开展教育计划和技术转让，避免重复工作，保证各地服务到位；

8.3.4　设法与其他学科（例如经济学、工程学、社会学、植物育种学、植物病理学和其他相关领域）协作，发现和打破障碍，从而促进负责任使用肥料，并采用相关做法，做到植物养分利用率最大化，异地环境影响最小化；

8.3.5　与政府和肥料工业合作，一旦肥料在生命周期任意阶段出现问题，采取整改行动，政府如有要求，还应帮助寻找应对挑战的方案。

第9条　实施、传播、采用和评价

9.1　粮农组织和所有其他有关国际组织应全力支持实施《肥料规范》和任何相关材料。

9.2　为确保《肥料规范》和任何相关辅助材料易得可获，粮农组织以联合国六种正式语言在网站上予以发布，并按需译入其他语言。

9.3　应向下述所有利益相关方提供并请其注意本文件：政府、私营部门、肥料供应链从业者、养分循环业从业者、学术和科研辅助机构、分析实验室、农业推广和咨询服务机构、农民组织和终端用户。

9.4　鼓励政府在国内实施《肥料规范》，推进实现有关农业和其他植物生产所用肥料可持续、负责任使用和管理的目标，避免人类、动物和土壤健康及环境受到不利影响。

9.5　本文件涉及的利益相关方与所有其他直接或间接肥料从业者都应了解自身有责任遵循和促进《规范》提出的目标。

9.6　政府和政策制定者应在起草农业和其他植物生产所用肥料相关法规、法律、政策或其他文书时考虑《肥料规范》。

9.7　如有条件，鼓励本文件涉及的政府和其他实体在粮农组织协助下监测其实施进展，并在《肥料规范》发布四年之内向粮农组织报告相关情况。

9.8　《肥料可持续使用和管理国际行为规范》是一份持续更新的文件，应定期审查并修订。一旦肥料及其影响出现新情况或新动向，《肥料规范》如需任何改动，应由粮农组织经与有关技术专家磋商并获粮农组织有关领导机构批准之后做出。任何改动及其影响都将向《规范》涉及的所有实体通报。粮农组织和所有其他有关国际组织应全力支持实施《肥料规范》和任何相关材料。

参考文献

开放性工作组成员

姓名	组织	国家
Cristina Grandi	国际有机农业运动联合会（有机农联）	阿根廷
Robert Edis	澳大利亚国际农业研究中心	澳大利亚
Vinicius Benites	巴西农业研究院	巴西
Craig Drury	加拿大农业及农业食品部	加拿大
Tom Bruulsema	国际植物营养研究所	加拿大
Wang Xu	中国农业科学院	中国
Ke Jin	中国农业科学院	中国
Weifeng Zhang	中国农业大学（CAU）	中国
Esteban Roberto Loría Solano	哥斯达黎加土壤科学学会	哥斯达黎加
Dunieski Domínguez Palacio	农业部	古巴
Patrice Annequin	国际肥料发展中心	加纳
Poasa Nauluvula	太平洋共同体秘书处（北太平洋）	斐济
Patrick Heffer	国际肥料业协会	法国
Anna Benedetti	农耕经济农业研究和分析委员会	意大利
Debra Turner	粮农组织	意大利
Zineb Bazza	粮农组织	意大利
Ronald Vargas	粮农组织	意大利
Francesco Tubiello	粮农组织	意大利
Gunsham Seeborun	世界农民组织/猎鹰公民联盟	毛里求斯
Javier Zaragoza Castellanos Ramos	罗格理工学院	墨西哥
Jeroen Huising	国际热带农业研究所	尼日利亚
Andrea Ulrich	Phosagro 公司	俄罗斯联邦/瑞士
William Brownlie	爱丁堡生态学和水文学中心	英国
Gary Pierzynski	政府间土壤技术小组	美国

政府间土壤技术小组（2015—2018年）成员

姓名	国家
Miguel Taboada	阿根廷
Neil McKenzie	澳大利亚
Maria de Lourdes Mendonca Santos	巴西
Isaurinda Dos Santos Baptista Costa	佛得角
Martin Yemefack	喀麦隆
Daniel John Pennock	加拿大
Gan Lin Zhang	中国
Oneyda Hernandez Lara	古巴

Nsalambi V. Nkongolo	刚果民主共和国
Luca Montanarella	欧盟
Rainer Horn	德国
Parmar Brajendra	印度
Ahmad S. Muhaimeed	伊拉克
Kazuyuki Yagi	日本
Saeb AbdelHaleem Khresat	约旦
Talal Darwish	黎巴嫩
Botle Mapeshoane	莱索托
Bhanooduth Lalljee	毛里求斯
Peter de Ruiter	荷兰
Amanullah Kahn	巴基斯坦
Pavel Krasilnikov	俄罗斯联邦
Sopon Chomchan	泰国
Siosiua Halavatau	汤加
Gunay Erpul	土耳其
Fernando Garcia Prechac	乌拉圭
Gary Pierzynski	美国
Juan Antonio Comerma	委内瑞拉玻利瓦尔共和国